Bolz

Das Abc der Medien

Norbert Bolz

Das Abc der Medien

Wilhelm Fink Verlag

Bibliografische Information Der Deutschen Nationalbibliothek

Die Deutsche Nationalbibliothek verzeichnet diese Publikation
in der Deutschen Nationalbibliografie; detaillierte
bibliografische Daten sind im Internet über
http://dnb.d-nb.de abrufbar.

© 2007 Wilhelm Fink Verlag, München
Wilhelm Fink GmbH & Co. Verlags-KG, Jühenplatz 1, D-33098 Paderborn

Internet: www.fink.de

Einbandgestaltung: Evelyn Ziegler, München
Herstellung: Ferdinand Schöningh GmbH & Co. KG, Paderborn

ISBN 978-3-7705-4512-4

Inhaltsverzeichnis

Vorwort

Die Welt ist flach, klein, leer und bodenlos. Das mag denjenigen überraschen, der sie als undurchdringlich komplex zu erfahren glaubt. Und in der Tat haben wir uns in den letzten Jahrzehnten daran gewöhnt, daß uns Wissenschaftler für die Beschreibung unserer Welt Begriffe wie Chaos, Fließgleichgewicht, Fraktal, Komplexität, dynamisches System, Ungewißheit und Unsicherheit anbieten. Aus wissenschaftlicher Perspektive machen diese Begriffe auch alle einen guten Sinn. Doch unser Alltag funktioniert, weil er viel einfacher funktioniert – und auch das haben Wissenschaftler längst durchschaut.

Die Welt ist
– flach. Diese These resümiert zwei Beobachtungen. Thomas Friedman, dem die eingängige Formel The World is Flat zu verdanken ist, wollte damit die Effekte der Globalisierung beschreiben. Globalisierung heißt nämlich, daß die Links des Internet die geographische Gestalt der Welt gleichgültig werden lassen. Das Call Center für meinen Flug nach Frankfurt liegt in Bangalore. Und Globalisierung meint, zweitens, die Digitalisierung, Mobilisierung und Vernetzung von Kommunikation. Die Welt der Weltkommunikation ist eine gigantische Benutzeroberfläche, auf der es keine technisch privilegierten Orte mehr gibt und in der alle Hierarchien abgeflacht sind.

Die Welt ist
– klein. Soziologen sprechen in diesem Zusammenhang von den „six degrees of seperation" oder dem „small world"-Phänomen. Stanley Milgrams berühmte Experimente haben schon in den 60er Jahren gezeigt, daß die Welt klein ist. Wenn man untersucht, wie weit der Weg ist, der zwei beliebig ausgewählte

Menschen durch persönliche Kontakte miteinander verbindet, kommt man durchschnittlich auf fünf oder sechs „handshakes"; zwischen mir und irgendeinem Menschen auf der Welt liegen selten mehr als sechs persönliche Bekanntschaften. Das ist ein Netzwerkeffekt, den wir im letzten Kapitel dieses Buches genauer beschreiben werden.

Die Welt ist

– leer. Unsere Lebenswelt läßt sich in eine Vielzahl von Problemen faktorieren, die nur lose miteinander verknüpft sind. Prinzipiell gibt es natürlich eine Unzahl von Variablen, die sich gegenseitig beeinflussen könnten, aber in jeder konkreten Lebenssituation sind es doch immer nur überschaubar viele, die für uns bestimmend werden. Wir bekommen deshalb eine hinreichend genaue Beschreibung der Wirklichkeit, wenn wir nur einen kleinen Ausschnitt aller möglichen Zusammenhänge in den Blick nehmen. Man kann das Verhalten des Gesamtsystems beobachten, ohne auf seine Details einzugehen, und man kann das (kurzfristige) Verhalten von Teilsystemen beschreiben, ohne auf deren Zusammenspiel im Gesamtsystem einzugehen. Herbert Simon hat das *empty world hypothesis* genannt.

Die Welt ist

– bodenlos. Das ist eine Erfahrung, die eigentlich so alt ist wie die Neuzeit. Seit man Substanzbegriffe durch Funktionsbegriffe ersetzt hat, gibt es kein unerschütterliches Fundament unserer Welterfahrung mehr. Krisenhaft verschärft hat sich diese Erfahrung des Schwankens aber erst durch die Ergebnisse der modernen Physik und Logik. Sowohl die Heisenbergsche Unschärferelation als auch die Protologik von George Spencer Brown und die sogenannte Kybernetik zweiter Ordnung (Heinz von Foerster) zwingen uns anzuerkennen, daß die Welt bodenlos ist, weil sie durch Beobachtung entsteht, also durch Differenzen. Für diese Differenzen gibt es heute eine Maßeinheit: bit. Unsere bodenlose Welt ist aus Informationen aufgebaut. Oder um es mit der geradezu vorsokratisch klingenden Formel von John Wheeler zu sagen: It from bit.

Und die Menschen? Sie verteilen sich in der globalisierten

Welt auf vier Schicksalsfelder, die durch zwei orthogonal
zueinander stehende Gegensätze gebildet werden: „arm vs.
reich" und „vernetzt vs. nicht vernetzt". Diese Gegensätze
und vor allem der sogenannte „digital divide" gehen zwar quer
durch alle Gesellschaften hindurch, aber wir können den vier
Feldern doch charakteristische Eigennamen geben.

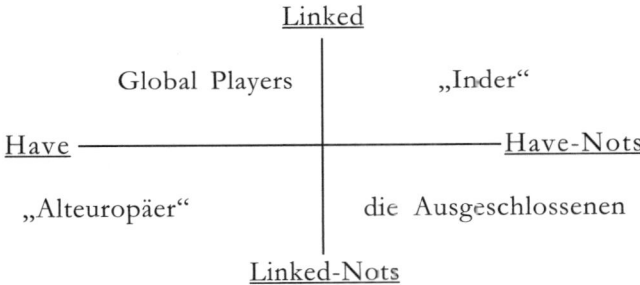

Die Global Players sind beratungs- und erklärungsunbedürf-
tig; die Ausgeschlossenen, die man ja nicht nur in den Favelas
von São Paulo, sondern auch unter den Rheinbrücken findet,
machen uns ratlos. Lehrreich sind die beiden anderen Felder.
Mit „Inder" bezeichne ich das Feld, das von denen besetzt ist,
die zwar wenig besitzen, aber Anschluß an die Internetkultur
gefunden haben. Hier liegt das Wachstum der Zukunft. Mit
„Alteuropäer" bezeichne ich das genau komplementäre Feld,
das von den lernunwilligen Wohlhabenden der westlichen
Welt besetzt wird. Die Dynamik, die wir hier erwarten müssen,
ist die einer Abwärtsspirale. Die Zukunft wird wohl zeigen,
daß der Gegensatz „vernetzt vs. nicht vernetzt" mächtiger ist
als der zwischen arm und reich. Das digitale Netzwerk der
Wertschöpfung wirkt abweichungsverstärkend: Die Wertvol-
len werden immer wertvoller – und es gibt immer mehr Überflüssige.

***

Nichts ist schwieriger als einen komplexen Sachverhalt so einfach wie möglich darzustellen. Einsteins genaue Formel für dieses Problem lautet: so einfach wie möglich – aber nicht einfacher. Wissenschaftler neigen dazu, es dem Leser schwer zu machen. Das gilt gerade auch für unser Thema: die Medien. Deutschland darf sich durchaus rühmen, weltweit in der Medienwissenschaft führend zu sein. Doch die großartigen Arbeiten von Friedrich Kittler und Niklas Luhmann bleiben den meisten „interessierten Laien" unverständlich. Aus Angst, es sich zu einfach zu machen, machen es die Wissenschaftler ihren Lesern nicht so einfach wie möglich.

Ein Abc-Buch bringt das Lesen bei. Die Überzeugung, daß eine derartige Alphabetisierung heute für die Welt der neuen Medien nötig sei, ist weit verbreitet. Doch bisher hat sich noch niemand der Aufgabe gestellt, die Grundbegriffe der Medienwelt zu buchstabieren. Dieses kleine Buch will nicht in erster Linie ein Beitrag zur Medienwissenschaft sondern vielmehr eine Art Grundkurs in „media literacy" sein. Gleichwohl stellt es sich der Kritik der Spezialisten. Sie dürfen entscheiden, ob es möglich ist, so einfach zu sein.

Unsere Aufmerksamkeit für die Medien ist ungleich verteilt; im Vordergrund steht das Internet. Auch hier erlaubt sich das Abc-Buch eine wesentliche Vereinfachung. Wenn vom Internet die Rede ist, meinen wir nicht die Hardware, die es eigentlich ist: ein System von Routern, die Bitströme managen, sondern das WWW. Man könnte ihre Beziehung vielleicht so definieren: Das World Wide Web ist das Interface des Internet. Und diese Benutzeroberfläche wird auf den folgenden Seiten nicht durchstoßen.

Die Prominenz des Internet kann uns aber nicht dazu verleiten, den Tod der klassischen Massenmedien zu verkünden. Beide Welten, Massenmedien und Internet, haben eine Schwäche, die sie nicht mit Bordmitteln bekämpfen können. Das Internet hat ein permanentes Aufmerksamkeitsproblem, und die Massenmedien haben Schwierigkeiten, den Veränderungen des Kundengeschmacks zu folgen. Deshalb sind beide Medienwelten aufeinander angewiesen: Das Internet braucht die Massenmedien, um Aufmerksamkeit zu faszinieren, und die

Massenmedien brauchen das Internet, um in Kontakt mit den Zielgruppen zu kommen. Ich habe im Text auf Fußnoten, Anmerkungen und – so weit wie möglich – auf Wissenschaftsjargon, Fremdwörter und englische Zitate verzichtet. In den Abschnitten über das Internet war das allerdings kaum sinnvoll durchzuhalten; es geht hier um eine durch und durch englischsprachige Welt, an die man sich nur anpassen kann. Im Anmerkungsteil dieses Abc-Buchs findet der wissenschaftlich orientierte Leser Referenzen, die den Text auch als Beitrag zur Medienwissenschaft erkennbar machen sollen.

Wer in den Jahren um 1983 geboren und damit dreißig Jahre jünger ist als der Autor dieser Zeilen, gehört zu den Eingeborenen der digitalen Welt – zum Beispiel meine Studenten an der Technischen Universität Berlin. Sie sollen in vier Semestern erfolgreich Medienwissenschaft studieren und Bolognas Master werden; nüchtern betrachtet ein Ding der Unmöglichkeit. Dieses Buch soll ihnen dabei helfen, das Unmögliche dennoch möglich zu machen.

1. Ultrakurzgeschichte der Medien

Sir Karl Popper leicht variierend, könnte man drei Welten unterscheiden: Körper – Geist – Medien. Die Naturwissenschaftler analysieren die Körper, die Geisteswissenschaftler interpretieren die Werke, und die Medienwissenschaftler beschreiben die Effekte der Medien. Diese Effekte sind aus zwei Gründen schwer zu verstehen. Zum einen tut ein Medium im Gegensatz zu einem Werkzeug nicht das, was man von ihm will – es schlägt zurück. Zum andern wird die Bedeutung eines Mediums nur aus seinem Zusammenspiel mit anderen Medien verständlich. Der Medienverbund ist die primäre Gegebenheit.

Wenn ein Sachverhalt undurchsichtig ist, liegt es nahe, nach seiner Entstehungsgeschichte zu fragen. Man kann die Geschichte der Medien als Gestaltwandel zunächst von Oralität zu Literalität und heute zu Digitalität strukturieren. Oral waren die Stammeskulturen, literal war die Welt der Stadt; und die moderne Gesellschaft zeigt wieder Züge einer neuen Oralität.

Der Übergang von der Kultur der Mündlichkeit zur Buchkultur hat zwei Gründe. Zum einen brauchen Zivilisationen Speichertechniken, die das einzelmenschliche Gedächtnis weit überbieten; zum andern zeigt sich in größeren Gesellschaften rasch, daß Mündlichkeit nicht zeitelastisch genug ist. Schrift wird deshalb zum neuen Leitmedium. Doch erst durch Gutenbergs Technologie des Drucks mit beweglichen Lettern wird die Welt zum Buch.

In dieser Welt des Buches herrschen die Dichter und Denker. Ihre poetische Einbildungskraft und ihr sich begreifender Begriff deklassieren die Sinne. Und erst die Medientechniken des 19. Jahrhunderts, also Photographie, Grammophon und

Film, retteten die sinnliche Gewißheit vor dem Absolutismus des Buches – ja, man könnte radikaler formulieren: vor dem Absolutismus der Sprache. Das hat bis zum heutigen Tage gravierende Folgen für unsere Kommunikationskultur. Den Preis, den wir für die Rettung der Sinnlichkeit zahlen müssen, hat Walter Benjamin genau berechnet: *beinah nichts mehr, was geschieht, kommt der Erzählung, beinah alles der Information zugute.*

Schon Fernsehen, Radio und Telefon haben uns dann wieder einer oralen Kommunikationskultur angenähert; heute kommen Handy und „talked books", Hörbücher hinzu. Für die mündliche Tradition war es charakteristisch, daß Informationen nur aufbewahrt werden konnten, indem sie in Ereignisse verwandelt wurden. Das gilt offensichtlich auch für die massenmediale Aufbereitung von Information. Und die Aneinanderreihung der Ereignisse dominiert in den Nachrichten aus aller Welt nicht anders als bei Homer. Auch der Kulturauftrag des Fernsehens ist derselbe wie der des antiken Poeten, nämlich *recorder and preserver,* Aufzeichner und Bewahrer der Gesellschaft zu sein.

Fernsehen, Radio und Telefon gehören aber nicht zur digitalen Welt. Und nicht nur aus technischen Gründen gilt es, die klassischen Massenmedien von den neuen interaktiven Medien zu unterscheiden. So erreichen Massenmedien Stabilität durch Schemata; interaktive Medien dagegen gewinnen Stabilität durch Rückkopplung. Massenmedien ermöglichen Weltkommunikation durch Broadcasting; das Internet ermöglicht Weltkommunikation durch die Vernetzung von Nischenwelten.

Am Ende der Gutenberg-Galaxis eröffnet sich also nicht nur die Aussicht auf eine neue Kultur der Oralität, sondern eben auch die Aussicht auf die neue Welt des Digitalen. Der Computer steht für eine medientechnische Zäsur, die sich nur mit jener Zäsur durch die Gutenberg-Technologie vergleichen läßt.

Große philosophische Namen wie Hobbes, Pascal und Leibniz repräsentieren eine Tradition des Denkens, die der Welt des Computers den Weg geebnet hat. Der entscheidende Schritt bestand darin, die Theorie der Sachen auf eine Zeichentheorie zu reduzieren. Leibniz konnte zeigen, daß man mit zwei Ziffern alle möglichen Zahlen vorstellen und damit alles mechanisch rechnen kann; es geht also schon hier um Rechnungen, die von Maschinen ausgeführt werden können. Die Algebra war der Schlüssel. Mit den Worten von Johann Heinrich Lambert: *Wird aber eine Aufgabe aus andern Wissenschaften auf eine algebraische reduziert, so kann man von derselben ganz abstrahieren, und die Auflösung der algebraischen Aufgabe ist zugleich auch die von der andern Aufgabe, welche man auf die algebraische reduziert hat.* Genau hier hat Leibniz' Projekt einer Universalcharakteristik ihren Ort. Es geht darum, jedem Gegenstand durch algebraische Darstellung eine charakteristische Zahl zuzuordnen. In einem solchen System charakteristischer Zahlen sah Leibniz ein neues Organ der Menschheit. Doch erst die Computer des 20. Jahrhunderts haben das Leibniz-Programm des 17. Jahrhunderts erfüllt. Und auf Skepsis gegenüber den Ergebnissen großer Computer reagiert man heute in der Tat mit dem Formular, das Leibniz denen entgegenhielt, die seine philosophischen Ergebnisse bezweifelten: Lassen Sie uns rechnen, Monsieur!

Auch Thomas Hobbes hat die syntaktischen Verknüpfungen des Denkens radikal als Rechenvorgang entzaubert: Denken heißt Rechnen. Und was für Zahlen gilt, gilt auch für juristische, moralische oder politische Operationen. George Boole ist diesem Hobbesschen Reduktionismus gefolgt; er hat das logische Denken als rechnendes Operieren analysiert und in der Symbolsprache eines Kalküls dargestellt. Diese binäre Boolesche Algebra findet sich heute als Schaltalgebra in der Hardware jedes Computers. Es handelt sich um ein Rechnen, das nur zwei Ziffernsymbole benutzt; seine Arithmetik kann vollständig auf die Addition zurückgeführt werden – und diese wiederum läßt sich aus der binären Logik des Leibniz entwikkeln. Seither sind nicht nur Zahlen, sondern auch Sätze addierbar und multiplizierbar.

Das einzusehen fällt allen Nichtmathematikern schwer. Man kommt einem Verständnis aber näher, wenn man den für die Welt des Computers zentralen Begriff des Algorithmus klärt. Algorithmen sind im Grunde nur strenge Gebrauchsanweisungen, also formale Definitionen eines schematischen Verfahrens. Und Computer tun nichts anderes als – von Algorithmen geleitet – Zeichenketten zu speichern und zu transformieren. Wie wir gerade gesehen haben, war es schon dem 17. Jahrhundert selbstverständlich, daß solche Manipulationen von Zeichenketten maschinisierbar sind. Insofern kann man den Computer als den Schlußpunkt einer Geschichte logischer Formalisierungen begreifen. Es geht im Kern also um die Anwendung eines Regelsatzes zur Transformation von Zeichenketten. Alan Turing hat der allgemeinsten Form einer Maschine, die das leistet, seinen Namen gegeben. Die universale Turing-Maschine arbeitet in Digitalschritten berechenbare Aufgaben ab. Insofern können wir sagen, daß die Turing-Maschine den Begriff des Algorithmus vergegenständlicht. Universal heißt sie deshalb, weil sie die Leistung jedes beliebigen Digitalrechners simulieren kann.

Für die logische Tradition von Thomas Hobbes bis Alan Turing ist Denken Rechnen und deshalb maschinisierbar. Allerdings operiert dieses Denken mit Hilfe einer Befehlsfolge, d. h., es folgt einem Programm. Ende des Zweiten Weltkriegs hatte dann John von Neumann die Idee, das Programm ebenfalls in der Maschine abzulegen; es wird als Folge von Dualzahlen im selben Speicher wie die binarisierten Daten selbst gespeichert. Dieser adressierbare Programmspeicher befreit den Computer von der linearen Programmierung.

Wie die Goethe-Zeit in der Gutenberg-Galaxis, so leben wir heute in der Turing-Galaxis. Ein Blick in die Zukunft dieser neuen Medienwelt kann nur im klaren Bewußtsein der Medienevolution gelingen. Mediengeschichte ist also nicht antiquarisch. Ihre wichtigsten Etappen lassen sich leicht benennen. Die erste und immer noch fundamentale Medienleistung war und ist das Speichern von Daten. Die Elektrifizierung der Medien ermöglicht dann das Übertragen von Daten – das gilt vom Telegraphen über das Fernsehen bis zum Internet. Der Computer verwandelt alle Medienleistungen in Rechenprozesse; das meint man, wenn man von Digitalisierung redet. Und schließlich können computergestützt alle Medienleistun-

gen auf einer einzigen Darstellungsebene integriert werden –
Stichwort: Multimedia. Die für uns entscheidende Zäsur in der Mediengeschichte
ist die Digitalisierung. Und auch die Evolution der Digital-
medien ist bereits durch deutliche Etappen markiert. Zunächst
steht die Computerevolution noch ganz im Bann der Hardware; das ist die große Zeit der Mainframes von IBM. Mit dem
revolutionären Gedanken eines Computers für jederman rückt
dann die Software ins Zentrum der Aufmerksamkeit (Apple,
Microsoft). Schließlich wird das Kommunikationspotential
des Computers entdeckt. Statt nur als Werkzeug und Rechen-
knecht begreift man nun den Computer als Medium. Die Bedeutung eines Computers bestimmt sich jetzt aus seiner Funktion und Stelle im Netzwerk der Weltkommunikation.

Geschichte gewinnt durch Jahreszahlen Prägnanz. Und
auch in dieser Ultrakurzgeschichte der Medien soll wenigstens
eine orientierende Jahreszahl stehen: 1977, das Jahr, in dem
das Internet entsteht und Apples erster Computer auf den
Markt kommt. Seither ist vieles geschehen, aber es hat sich
nichts Wesentliches verändert. Man könnte eher sagen, daß
Schritt für Schritt, CeBIT für CeBIT aus den Visionen der
70er Jahre technische Wirklichkeit geworden ist. So ist an die
Stelle des Computers für jeden ein Computer getreten, der
sich den speziellen Eigenheiten und Interessen des Nutzers
anpaßt.

Man kann und muß aber noch feiner differenzieren, nämlich auf der Ebene der historischen Entwicklung von Benutzeroberflächen. Im IBM-Zeitalter der Mainframes war der
Computer kein Problem, sondern eine phantastische Erfindung – ein Phänomen der Wissenschaftswelt mit segensrei-
chen Wirkungen für die Wirtschaft. Zum Problem wurde der
Computer erst, als es der berühmtesten aller Garagenfirmen
gelang, Größe und Preis so zu reduzieren, daß das Undenkba-
re denkbar wurde: Computer für alle.

Und dann stand er plötzlich auf dem eigenen Schreibtisch.
Das war der Sündenfall, der Biß in den Apfel des Wissens.
Nun begann der endlose Kampf mit den Manuals, die Leidens-
geschichte der abstürzenden Festplatten, der Ärger mit den

ständig besetzten Hotlines. Und das Problem bekam bald einen schönen Namen: Interface Design. Wie gestaltet man die Schnittstelle zwischen Mensch und Computer, ohne den Laien abzuschrecken? Die Geschichte des Computer-Interface beginnt also mit den Lochkarten der IBM-Angestellten. Den nächsten Schritt in der Entwicklung von Benutzeroberflächen markieren die alphanumerischen Befehlsketten. Douglas Engelbarts Maus und Apples Macintosh machen es dann möglich, Programme durch schlichtes Anklicken von Icons zu bedienen. Schließlich gelingt Apple mit der Desktop-Metapher die große Wende zur Benutzerfreundlichkeit.

Der nächste Evolutionsschritt des Interface-Designs führt dann in die Virtuelle Realität. Im Cyberspace können wir den Computer mit „natürlichen" Gesten bedienen – wir müssen keine Programme mehr schreiben, sondern bewegen uns in einem anschaulichen Datenraum. Es genügt jetzt, mit dem Finger des Datenhandschuhs zu zeigen. Der Data Glove hat das wichtigste Orientierungs- und Handlungsorgan des Menschen, die Hand, wieder in seine Rechte eingesetzt. Und bald können wir mit Computern wie mit zivilisierten Menschen umgehen – nämlich im Medium des gesprochenen Wortes.

Die Mensch-Maschine-Schnittstelle des Computers liegt also zunächst sehr nahe an der Maschine und ihrer Sprache. Dann verschiebt sich das Verhältnis von Benutzeroberfläche und logischer Tiefe der Programme immer entschiedener zugunsten der freundlichen Oberfläche. Mit anderen Worten: Die fortschreitende Benutzerfreundlichkeit macht den Computer unsichtbar – und allgegenwärtig. Das Verschwinden des Computers in seiner Allgegenwart ist das wichtigste Kennzeichen unserer heutigen Kommunikationsverhältnisse.

In seinem Roman Heliopolis von 1949 hatte Ernst Jünger das Kommunikationsmedium „Phonophor" erdacht. Der Phonophor ist ein Allsprecher, der jeden mit jedem verbindet und damit das alte Ideal des pausenlosen Forums, der permanenten Tagung technisch implementiert; er ermöglicht die planetarische Volksversammlung genau so wie die spontane Volksbefragung. Der Phonophor ersetzt den Personalausweis,

Uhr und Kompaß; er vermittelt die Programme aller Sender und Nachrichtenagenturen und gibt über ein Zentralarchiv Einblick in alle elektromagnetisch gespeicherten Texte; so dient er als Zeitung, Bibliothek und Lexikon. Ernst Jüngers präzise Phantasie des „Phonophor" wird heute technische Wirklichkeit. Nach der Telekommunikation wird jetzt auch die Nahdistanzkommunikation revolutioniert, nämlich durch Personal Sensory Device Interfaces, also tragbare Sensoren und Computer. Die Menschen tragen Informationen über sich und ihre Arbeit, ihre Interessen und Vorlieben mit sich, die dann in Gruppensituationen ganz automatisch mit den anderen ausgetauscht werden können.

Wie Kleider tragbare Computer, die als Informationsassistenten funktionieren, zeigen sehr schön den Paradigmenwechsel an, der die fortschreitende Digitalisierung unserer Lebensverhältnisse bestimmt. Der Computer wird von der Black Box zum Kleidungsstück und schließlich zum Implantat. Nanotechnologie sorgt dafür, daß der Computer weniger als Werkzeug denn vielmehr als eine Art Kleidung oder gar Haut erfahren wird. Nano-bio-Sensoren im Körper kontrollieren Gesundheit und Stress-Level. An das Global Positioning System (GPS) haben wir uns längst gewöhnt. Heute arbeitet man an seinem medizinischen Äquivalent: der permanenten Überwachung des biomedizinischen Status. Das ist übrigens ein Nebenprodukt der Weltraumforschung, die schon seit Jahrzehnten an biokompatiblen Sensoren auf Nanoebene arbeitet, mit denen der Gesundheitszustand der Astronauten permanent überwacht werden kann.

Von intelligenten Umwelten kann man genau dann sprechen, wenn Mikro-Computer in alle unsere Alltagsgegenstände eingedrungen sind: Schuhe, Kleider, Kühlschränke, Zimmerwände. Und prinzipiell wäre es möglich, alle Alltagsobjekte zu vernetzen, um sie ständig unter Kontrolle zu haben. Nicht nur die Menschen wären dann „online", sondern auch ihre Artefakte. Das würde voraussetzen, daß unsere gesamte Umwelt von Relais-Stationen durchdrungen wäre – die Bluetooth-Technologie weist bereits in diese Richtung. Das heute schon weltweite Netz wäre dann allgegenwärtig und gerade deshalb unsichtbar – eine Art freundlicher „Matrix".

Es ist verlockend, hier die Rolle des besonnenen Kulturkritikers einzunehmen und zu fragen: Wozu? Hinter der Frage steht der Verdacht, daß die Technik selbst erst die Bedürfnisse erzeugt, die sie befriedigen kann. Und genau so ist es auch. Doch gerade deshalb ist es sinnlos zu fragen: Braucht man das? Nämlich Handy, Internetadresse, iPod. Was man Zeitgeist nennt, ist nichts anderes als die aktuelle Lektion einer Kultur, die uns beibringt, was uns gerade noch gefehlt hat.

Und damit sind wir bei der kulturellen Funktion der Technik. Mit dem Gebrauch technischer Geräte konnte man schon immer sozialen Status signalisieren. Heute haben wir es aber mit einer radikalen Verzeitlichung dieser Statusposition zu tun. Man muß zu den ersten Konsumenten einer technischen Innovation gehören, um daraus noch den Funken gesellschaftlicher Höchstwertung zu schlagen. Wer zu spät kommt, den erwartet die neue Technik mit einem sozialen Anschlußzwang. Erst war die Internetadresse das esoterische Erkennungszeichen einer High-Tech-Sekte; heute gilt jeder als Trottel, der sie nicht auf der Visitenkarte hat. Daß man schon die Jugend der 90er Jahre als @-Generation bezeichnet hat, ist kommentarunbedürftig.

Die Medienwirklichkeit ist ein Schauplatz radikaler Ungleichzeitigkeit. Zu welcher Generation man gehört, hängt heute davon ab, in welcher Informationskultur man aufgewachsen ist. Es gibt keine gemeinsamen Medien mehr. Unterschiedliche Wertsysteme werden von unterschiedlichen Medien bedient. Demographische, politische und kulturelle Verwerfungslinien trennen verschiedene Informationswelten voneinander. Mediengenerationen haben keine homogene Altersstruktur oder Sozialstruktur. Die Zersplitterung „der Jugend" ist einer der wichtigsten Effekte des Medienpluralismus.

Vor allem die neuen computergestützten und vernetzten Medien fördern eine kognitive Stratifikation, eine geistige Klassenschichtung. Auf der Sonnenseite der Weltkommunikation können wir eine weltweite Kollaboration der Geistesarbeiter beobachten. Und gleichzeitig bieten die Mas-

senmedien für die Armen und Dummen das, was Raymond
Cattell Phantasiekompensationen genannt hat – etwa die Tele-
novela, die in den Favelas von São Paulo empfangen wird.
An solchen Befunden zerschellt jene kulturkritische Frage
nach dem Wozu. Und auch eine zweite oft gestellte Frage ist
sinnlos, nämlich: Wollen wir das? Die einzig vernünftige Haltung zu den neuen Medien ist die der Pascalschen Wette: Das
Spiel hat längst begonnen, und der Einsatz ist gemacht – wir
können nur noch die unendliche Chance wahrnehmen.

2. Das Management der Aufmerksamkeit

Der Mensch ist der Flaschenhals der Weltkommunikation. Menschen können nämlich Informationen nicht parallel prozessieren. Und man schätzt, daß 98 % aller dargebotenen Informationen nicht bewußt verarbeitet werden. Das Bewußtsein verarbeitet nur 40 bis 50 bit pro Sekunde; und deshalb muß es Information vernichten, fressen. Menschen sind informationsverarbeitende Systeme, die nicht parallel, sondern nur sequentiell prozessieren können – eines nach dem anderen. Man kann immer nur ein Gespräch führen; man kann nicht einer Vorlesung folgen und gleichzeitig einen Roman lesen. Und weil die Pflege von Freundschaften viel Zeit konsumiert, kann man auch nicht mit vielen Menschen wirklich befreundet sein.

Deshalb ist man gut beraten, der großen Werbeformel des Internet-Zeitalters: „information at your fingertips" mit Vorsicht zu begegnen. Konkret heißt das nämlich: Daten sind virtuelle Informationen, die erst durch Abfrage in aktuelle Informationen verwandelt werden – sie sind einen Mausklick weit entfernt. Gespeicherte Information ist also immer virtuell; erst die Abfrage macht sie aktuell. Und weil neue Information teuer ist, ist sie immer unvollständig.

Erstaunlicherweise trifft man heute aber immer häufiger auf die genau entgegengesetzte These, Information sei billig. Wie läßt sich der Widerspruch auflösen? Neue Informationen zu produzieren ist teuer – sie zu reproduzieren ist billig. Es wird immer billiger zu senden und immer teurer zu empfangen – teurer gemessen nach Zeit und Aufmerksamkeit. Reproduzierte Information ist billig, aber Aufmerksamkeit und Urteilskraft sind knapp.

Dieses Problem ist natürlich nicht neu, sondern so alt wie die moderne Welt. Aber heute kommt verschärfend hinzu, daß jeder mit jedem kommunizieren kann – das überlastet die Aufmerksamkeit. Die Aufgabe, die sich uns damit stellt, hat der große Ökonom und Computerwissenschaftler Herbert Simon *attention management* genannt: das Management der Aufmerksamkeit. Zwischen der Überfülle der Informationen und der knappen Aufmerksamkeit vermittelt die Konstruktion von Sinn.

Der Markt der Informationen ist also deshalb so faszinierend, weil es immer teurer wird, neue Informationen zu produzieren, aber immer billiger, sie zu reproduzieren. Es gibt in der New Economy zwei grundsätzliche Lösungen für dieses Problem: Man kann, erstens, ein und dieselbe Information als Warenangebot differenzieren, indem man „Verspätungen" einbaut: Erst kommt der neue Blockbuster im Kino, dann kann man ihn als Video kaufen, dann wird er im Pay-TV angeboten – und schließlich im Free-TV. Und weil, zweitens, jede Information die Aufmerksamkeit des Kunden konsumiert, führt der Reichtum der Information zu einer Armut der Aufmerksamkeit – das große Thema von Herbert Simon.

Alles dreht sich deshalb um die Frage: Wie feßle ich die Aufmerksamkeit des Kunden? Wenn man die Welt der Massenmedien betrachtet, liegt die Antwort auf der Hand: Die Ökonomie der Aufmerksamkeit ist ein System der Stars. Das Internet hat aber auch eine ganz andere Antwort gefunden. Es fasziniert die Aufmerksamkeit des Kunden durch Geschenke. Erst muß man Basisprodukte verschenken, um dann mit Premiumprodukten Profit zu machen. Wer im Internet wirbt, muß dafür werben. Online sein bringt noch keine Aufmerksamkeit.

Das Internet, dieser Supermarkt der Ideen, bietet so viele Optionen, daß ein großer Teil der Zeit beim Scannen der Möglichkeiten verstreicht. Wenn man die Fernsehzeitschrift gründlich lesen würde, hätte man ja auch kaum mehr Zeit zum Fernsehen. Scannen und Zappen sind deshalb die neuen Stilformen im Umgang mit den Weltinformationen – eine Art Notwehr.

Im Zeitalter der 100 Fernsehprogramme und 1000 Urlaubsziele widerspricht die Fülle der Optionen unserer begrenzten

Lebenszeit. Permanent tobt der Kampf um die knappste Ressource: Aufmerksamkeit. Und es kostet Kraft, ständig nein zu sagen zum Möglichen. Ja, mehr noch: Zu vielen Optionen kann man eigentlich gar nicht nein sagen; sie sind gesellschaftliche Verbindlichkeiten. Man denke nur an den sozialen Anschlußzwang der neuen Medien – in jedem Wohnzimmer ein Fernseher, auf jedem Schreibtisch ein Computer; und heute gilt: Man kann nicht nicht emailen. Wer hier nein sagt, überfordert sich, und wer mitmacht, ist gestreßt.

Immer weiter öffnet sich die Schere zwischen dem technisch Möglichen und meiner knappen Lebenszeit. Computergestützte Kommunikation ist nämlich die Büchse der Pandora, vollgestopft mit wunderbaren Möglichkeiten; Software-Geschenke, die zur Last werden. Sie eröffnen eine Optionsvielfalt, die in keinem Verhältnis mehr zu unseren Zeitressourcen steht. Man muß immer mehr Lebenszeit dafür abzweigen, daß man auf dem laufenden bleibt. Und immer entscheidender wird der Mut, an einer bestimmten Stelle zu sagen: So genau will ich es gar nicht wissen.

Je stärker die Informationsflut anschwillt, desto dringlicher wird das Bedürfnis nach einer neuen Dienstleistung, die man Service des Sinns nennen könnte. Wir können die Medienevolution offenbar nur ertragen, wenn uns die Kultur humane Kompensationen für diese Zumutungen anbietet. Die Evolution der Medien und Computertechnologien vollzieht sich nämlich ohne Rücksicht auf die Verarbeitungskapazität des Menschen. Deshalb braucht er sinnstiftende Entlastungstechniken, z.B. die tröstliche Überschaubarkeit einer Romanhandlung, den Klartext eines persönlichen Gesprächs inmitten der Datenflut oder die geordnete Welt des Museums. Wir können nur leben, indem wir die Daten einer Welt, die das Maß des Menschen sprengt, nach menschenförmigen Schemata auswählen. Aber nur Medien können die Wunden heilen, die Medien geschlagen haben – Medium und Remedium.

Das zentrale Problem der modernen Welt, so können wir resümieren, ist das Management der knappsten aller Ressourcen: Aufmerksamkeit. Ein simpler Mechanismus besteht darin, eilige von weniger eiligen Aufgaben zu unterscheiden. Derartige Selektionstechniken werden um so wichtiger, je höher man auf der Hierarchieleiter einer Organisation steigt. Denn hier gilt die Faustregel: Je höher die Entscheidungsebene, desto enger der Flaschenhals der Aufmerksamkeit. Je wichtiger eine Aufgabe, desto zielgerichteter und damit einfacher die Operation.

Der Reichtum an Information und die Armut an Aufmerksamkeit sind Vorder- und Rückseite derselben Medaille. Computer und Internet bestimmen eine Kultur, in der nicht mehr die Information knapp ist, sondern die Orientierung. Knapp ist also die Zeit, die wir der uns überflutenden Information zuwenden können. Wissensmanagement hat es deshalb primär mit der Filterung relevanter, aufgabenspezifischer Information für Entscheidungen unter Bedingungen von Zeitknappheit und Unsicherheit zu tun.

Unentwegt senden, empfangen, speichern und manipulieren wir Informationen. Wir sind eingebettet in Weltkommunikation. Deshalb brauchen wir, um nicht in der Informationsflut zu ertrinken, Techniken der Auswahl, Filterung und Bewertung. Ein Filter reduziert Komplexität, indem er eine gewisse Informationsmenge als Rauschen disqualifiziert. So funktioniert das Bewußtsein als Reizschutz; aber so funktioniert auch das Ohr als – in Norbert Wieners spröder Wissenschaftsprosa – frequenzbandbeschneidender Empfänger. So funktionieren die Massenmedien mit ihrem Filter der Sensation. Sie wissen: Aufmerksamkeit wird fasziniert durch Krisen, Schmerzen, Werte, Neuheit, Prominenz, Erfolg.

Niemand kann einem in der Informationsflut auf die Frage antworten: Was ist wichtig? Weil alles, was ist, auch anders möglich wäre und niemand verbindlich sagen kann, was wichtig ist, ist alles Handeln eine Verkettung von zufälligen Wahlakten und riskanten Selektionen. Selektion ist ein geregelter Informationsverlust. Kein Mensch und kein System könnte unter dem Trommelfeuer der Daten und Optionen existieren. Es geht nicht ohne Reizschutz bzw. Ignoranz.

Es geht für den Wissensmanager also nicht darum, den Menschen mehr Informationen zur Verfügung zu stellen, sondern umgekehrt sie gegen die Ablenkung ihrer Aufmerksamkeit zu schützen. Das Design einer Welt, in der Information knapp ist, hat überhaupt nichts zu tun mit dem Design einer Welt, in der Aufmerksamkeit knapp ist. Das muß die fundamentale Einsicht modernen Wissensmanagements sein.

In der Welt der vielen Möglichkeiten verwandelt die alltägliche Zeitknappheit das Leben in einen Aufmerksamkeitswettbewerb. Das läßt sich genauer, nämlich mathematisch, so formulieren: Das arithmetische Anwachsen der Zahl der Elemente im Netzwerk der Weltkommunikation führt zu einem geometrischen Anwachsen der Zahl möglicher Beziehungen zwischen den Elementen. Deshalb braucht gerade auch die Internet-Kultur Organisation, nämlich als Einschränkung der Möglichkeit, daß jeder mit jedem über alles redet.

Das führt uns zu einer interessanten Paradoxie. In der Datenflut der Multimedia-Gesellschaft kann Mehrwert nur heißen: weniger Information. „Information at your fingertips" hilft da nicht weiter. Unter dem Druck der neuen Informationstechnologien neigt man ja dazu, alle Probleme als Probleme des Nichtwissens zu deuten. Aber Sinnfragen und Orientierungsprobleme lassen sich nicht mit Informationen beantworten. Oder anders gesagt: Konfusion kann man nicht durch Infusion von mehr Information beheben.

Wir haben kein Informationsproblem, sondern ein Orientierungsproblem. Was wir brauchen, ist eine tägliche Arche Noah in der Sintflut des Sinns. Informationen allein helfen uns bei Problemen nämlich nicht weiter. Sie müssen erst gefiltert, konfiguriert und strukturiert werden. Um Information intelligent zu machen, braucht man eben Wissensdesigner, Redakteure, Journalisten. Wie der Wissenschaftler, der Regisseur, der Marketing-Experte, der Finanzberater oder der Dichter gehört der Zeitungsmensch zu jenen Leuten, die mit Problemen handeln und Daten manipulieren. Sie alle handeln mit Sinn und verkaufen Orientierung.

Unsere großen Probleme resultieren also nicht aus einem Mangel an Wissen, sondern an Orientierung. Wir sind konfus, nicht ignorant. Aber genau das wird durch den Enthusiasmus des Informationszeitalters und seiner Fakten, Fakten, Fakten verdeckt. Wer verstehen will, muß Informationen vernichten.

Und so kommen wir zu jenem paradoxen Resultat. In der Datenflut der Multimedia-Gesellschaft kann Mehrwert nur heißen: weniger Information. Wenn man Informationen mit einer Suchmaschine sammelt, stößt man sofort auf das Grundproblem des Internet-Zeitalters: Tausende von „hits" als Antwort auf meine einfache Frage. So genau wollt' ich es gar nicht wissen! Weniger wäre mehr. Man kann nicht alles wissen wollen, was man wissen könnte. Wer alle möglichen Informationen ausschöpfen wollte, wäre am Ende viel zu erschöpft, um sie noch zu nutzen. Und so lautet die große Frage des Internet-Zeitalters: Wo beginnt man die Suche? Hier muß man sich für einen Browser, für eine Suchmaschine, für ein Portal entscheiden. Der Navigator ermöglicht dem Nutzer erst die Wahl. Deshalb sind die Navigatoren heute die Superstars der Internet-Wirtschaft.

Navigatoren, wohlgemerkt, in einem virtuellen Raum. Die neue Wirtschaft läßt sich nämlich nicht mehr konkret verorten. Der Bedeutungsschwund des realen Raums zeigt sich vor allem daran, daß sich die Kommunikationsnetze immer mehr von den Verkehrsnetzen ablösen. Das kann man sich ganz leicht an der Mobiltelefonnummer verdeutlichen: die Adresse emanzipiert sich vom Ort. Mit dem Handy und dem Laptop hat sich die fortgeschrittenste Kommunikationstechnologie zum erstenmal von festen Standorten abgelöst. Das Büro ist nun überall, wo mein Modem ist. Mit Beginn der Moderne spalteten sich Arbeit und Heim. Büro hieß bisher: Trennung von Leben und Arbeit, Aktenförmigkeit. Früher ging man ins Büro – heute loggt man sich ins Netz ein. So emanzipiert sich die Arbeit vom Arbeitsplatz.

Mobilität heißt aber auch „availability": allzeit bereit! In Amerika ist damit schon deutlich die ethische Forderung verknüpft, immer verfügbar zu sein. Gerade deshalb darf man aber auch vermuten, daß es künftig ein Zeichen von Macht sein wird, Botschaften senden zu können, aber nicht empfangen zu müssen. Wer dagegen ständig Botschaften empfangen muß, aber kaum welche senden kann, gehört dann zum „Personal".

Ob es der Laptop im Flugzeug oder das Handy im Intercity-

Großraumwagen ist – spontan entsteht das One Person Office. Telefon, Fax, Computer, Internetanschluß: man trägt das Büro in der Hand. Die neuen Medien demonstrieren hierbei den Vorrang technischer Kommunikation durch eine vollständige Rücksichtslosigkeit gegenüber der sozialen Situation. Auch Verbotsschilder können die sonoren Handy-Stimmen in der Airport-Lounge nicht zum schweigen bringen. Und wer etwa einen Vortrag hält, muß heute mit gewissen Klingeltönen rechnen – und natürlich damit, daß der Angerufene den Saal verläßt. Das entspricht jenem sozialen Ideal, immer und überall erreichbar zu sein, alles und weltweit leisten und senden zu können.

Die Weltgesellschaft kann man nicht mehr verorten. Was allein noch zählt, ist die Zeit, die immer knapp ist; alle Probleme werden durch Temporalisierung gelöst. Eile, Dringlichkeit, Beschleunigung und Befristung sind die großen Themen unserer Zeit. Deshalb reagieren wir auf Zeitdiebe besonders empfindlich. Wer uns warten läßt oder überfordert, stiehlt uns Zeit. Das gilt aber auch für den, der gnadenlos die Möglichkeiten direkter Kommunikation nutzt. Jeder kennt das: ständig klingelt das Telefon. Deshalb war die Erfindung des Anrufbeantworters ein technischer Segen. Nun kann man den anderen zwingen, „eine Nachricht zu hinterlassen". Damit schafft man sich Zeitspielräume. Die aktive Variante davon ist eMail bzw. SMS. Sie ist fast so locker und schnell wie ein Telefongespräch und überläßt dem Adressaten die Entscheidung über die „Kommunikationszeit". Email verliert keine Zeit, aber sie stört auch nicht.

Bei der Beschreibung dieser neuen Arbeitswelt ist man ständig verlockt, Verben wie „befreien" und „emanzipieren" zu benutzen. Und in der Tat zerstört der weltweite Informationsfluß alte Autoritätsstrukturen. Formelhaft gesagt: Bisher war Information in Autorität fundiert; jetzt ist Autorität in Information fundiert. Doch Information ist kein Maß für den Wert einer Botschaft.

Wenn niemand mehr sagen kann, was wirklich wichtig ist, ist es durchaus lebensklug, die Welt häppchenweise zu konsumieren. Mit anderen Worten, wenn Aufmerksamkeit die knappste Ressource ist und wenn man zwischen Gründlichkeit und Geschwindigkeit wählen muß, spricht heute alles für Geschwindigkeit. Deshalb setzt sich in allen Lebensbereichen das Zapping als Wahrnehmungsstil durch, also eine rein zeitliche Selektionstechnik.

In einer Zeit, in der man keine Zeit zum Sehen hat, braucht man eine Fertigware der Wahrnehmung: Fotos und die Filmchen des Fernsehens. Der Photograph und der Kameramann leisten stellvertretend Selektionen in der sichtbaren Welt – wie ein Autor in der Datenwelt. Die Zeitknappheit zwingt alltagstypisch dazu, sich auf den ersten Eindruck zu verlassen. Daraus folgt aber: Je größer die Informationsflut, desto unvermeidlicher die gedankenlose Willfährigkeit. Wir leben in einer Anarchie der Information; und im Regelfall gibt es für den einzelnen keine Kontrollmöglichkeit mehr. Deshalb ist Mißtrauen die Rückseite jener Willfährigkeit – je mehr Information, desto weniger Akzeptanz.

Das ist ein echtes Problem der modernen Gesellschaft – echt, weil unlösbar.

3. Journalismus im Zeichen des World Wide Web

Heute hat ein fröhlichen Medienmix die bürgerliche Öffentlichkeit ersetzt: Blogs, Indymedia, Talk, special interest, TV, Bild und FAZ. Aufgeklärte Publizität ist in den Parajournalismus der Laien und den Postjournalismus der Profis zerfallen. Web 2.0 ist das Kürzel für eine radikaldemokratische Kollaboration der Kommunikationslustigen aller Länder, der Name für jene neuen Medien, deren Inhalte von den Nutzern selbst produziert werden. Kein Zukunftsforscher hätte voraussehen können, daß der Blog, das ins Netz gestellte Tagebuch von allen und jedem, zur größten Herausforderung der Mainstream-Medien werden könnte.

Vor zehn jahren hat E-Commerce aus dem Internet einen Basar gemacht; Blogging macht heute aus dem Internet eine neue Form der Publizität, in der alle füreinander Publikum sind. Wie es sich die deutschen Frühromantiker und dann hundert Jahre später die russischen Revolutionsromantiker erträumt haben, wird der Leser zum Autor. Und schon verkünden die Propagandisten dieses Parajournalismus den Tod des Produzenten.

Wer in den Weblogs liest, bemerkt sofort, daß Subjektivität, Polemik und Parteilichkeit (Partisanship) dominieren; Authentizität ist den Bloggern wichtiger als Objektivität. „Voice", die authentische Stimme, ist das Charakteristischste des Web 2.0. Den Autoren geht es um Selbstpräsentation; wie alle Tagebücher folgen auch die elektronischen der Lust, sich zu „outen". Der Suchtcharakter des Ganzen ist schon heute evident; doch geht es hier nicht mehr um Narkotika, sondern um die Droge „Selbstmitteilung".

Der Internet-Stil im Web 2.0 ist direkt, aufwühlend, personalisiert, dringend, kurz, rechtzeitig, einfach, polemisch, konfessionsartig, offen parteiisch. In Formaten wie MySpace und YouTube greift dieser Bekenntnis-Stil nun auch auf die Welt der Bilder über: Broadcast Yourself! Man könnte von einem neuen Protestantismus des Internet sprechen, und „Disintermediation" ist der amerikanische Kampfruf dieser virtuellen Reformation. Es geht um die Ausschaltung der Info-Priester, also der Redakteure, Produzenten, Lehrer.

Früher suchten Talente nach Produktions- und Veröffentlichungschancen; heute sucht die digitale Publizitätstechnik nach Talenten. Man ist versucht zu sagen: Nur die Liebe zählt – der Amateur. Unter solchen Bedingungen steigern sich Klugheit und Irrsinn wechselseitig. Jeder Wahn hat seine Web-Page. Man könnte von einem kommunikativen Cocooning sprechen. Geistesverwandte finden sich im Netz, um ihre „likemindedness" zu pflegen. Und auch wer nicht kommunizieren möchte, kann das Angebot der „customized communication" nutzen und es sich in einem Informationskokon gemütlich machen – statt The Daily Mirror liest er The Daily Me, die nach Kundenbedürfnissen maßgeschneiderte Zeitung.

Aber auch jede Wahrheit hat ihre Web-Page: Wikipedia, die Selbstorganisation des Laienwissens. Wie in der bürgerlichen Öffentlichkeit des 18. Jahrhunderts beobachten wir auch im Internet-Zeitalter die Selbstorganisation des Laienurteils. Wir kommen am Ende dieses Buches noch ausführlich darauf zurück.

All das hat Folgen für unsere Vorstellung von Publizität. Wer heute noch an einem Begriff kritischer bürgerlicher Öffentlichkeit festhalten will, wird einen Niedergang der Presse konstatieren. Die Zeitungen sind sich heute so ähnlich wie die Parteien, über die sie berichten. Es gibt keine Fronten mehr; die Kritik scheint am Ende. Für diesen Niedergang der Presse gibt es eine Vielzahl von Gründen. Ein Betriebswirtschaftler wird zuallererst auf den kaum reversiblen Anzeigenverlust der Zeitungen hinweisen. Kommunikationswissenschaftler verweisen auf die Konkurrenz anderer, neuerer Medien und die Formen des Online-Journalismus wie Blogs und Indymedia.

Gesellschaftskritiker sprechen von Mediendemokratie und beklagen Korruptionsformen wie den „embedded journalism". Und die seriöse Presse selbst jammert über den unaufhaltsamen Vormarsch von Infotainment, Talk und Boulevard. Auch das kann man nur historisch verstehen. Wie erklärt sich eigentlich das Aufklärungspathos, das kritische Ethos des klassischen Journalismus? In seinem schönen Buch *Factual Fictions* hat Lennard Davis gezeigt, daß Fakten und Fiktionen noch im 17. Jahrhundert keinen wichtigen Unterschied gemacht haben. Erst mit dem Erscheinen von Novellen, die beanspruchen, Wahres zu berichten, entsteht eine zweideutige und deshalb evolutionär folgenreiche Form: eine faktennahe Fiktion, die ihre Fiktionalität leugnet. Und nun muß der Leser rätseln: ist es es wahr oder falsch. Der Akzent liegt aber auch anders, nämlich auf der Neuigkeit des Berichteten. Dieser Neuigkeitsdiskurs zerfällt dann in zwei Formen: den Journalismus und den Roman. Das Narrative spaltet sich also in Fakt (Journalismus) und Fiktion (Roman). Die neue Einheit des Unterschiedenen ist die Ideologie.

Nietzsche hat seine Philosophie als *die Gegenlehre alles Journalistischen* verstanden. Für ihn verkörpert sich die Dekadenz der modernen Welt, ihr Taumel von Hast und Plötzlichkeit, im *verruchten Wesen des Journalisten, des Sclaven der drei M: des Moments, der Meinungen und der Moden.* Und 1925 bemerkt der Sprachwissenschaftler Hermann Ammann, es wäre verlockend, *einmal ein Zeitungsblatt vorzunehmen, um zu fragen, wer hier eigentlich zu ‚uns' (zu wem?) spricht*. 1927 gibt der Philosoph Martin Heidegger die Antwort: Das Man spricht mit sich selbst. Den immer wieder in sich selbst mündenden Datenfluß von Information, Meinung und Werbung nennt er das Gerede. Kommunikation ist wesentlich Weiterreden – später wird der Soziologe Niklas Luhmann dann sagen: Anschlußkommunikation. Dem Gerede *liegt daran, daß geredet wird.*

Wenn man ein paar Schritte zurück tritt und das aufklärungspathetische Selbstverständnis des klassischen Journalismus genau so auf Distanz hält wie die philosophische Kritik, kann man drei gesellschaftliche Funktionen der traditionellen Presse unterscheiden. Die Zeitung sorgte, erstens, für das

Agenda Setting der lokalen Gemeinschaft. Sie war, zweitens, das organisierende Medium der Eliten. Und die Zeitung füllte, drittens, das Vakuum des „volonté general" – Stichwort: öffentliche Meinung. Wir kommen gleich darauf zurück. Doch was wird aus dem klassischen Journalismus im Zeitalter der neuen Medien? Die Digitalisierung aller Daten hat es ja zum erstenmal in der Kulturgeschichte möglich gemacht, alle Darstellungsmedien miteinander zu verknüpfen. Die alten Medien werden dadurch von den neuen nicht verdrängt, sondern in übergreifende Funktionszusammenhänge eingefügt. Man darf deshalb vermuten, daß gerade alte Medien wie die Zeitung in Zukunft ein neues Selbstverständnis entwickeln werden. Zu erwarten ist also kein Medienkannibalismus, sondern ein fröhlicher Medienmix.

Für Print als Medium stellen die neuen Medien keine tödliche Gefahr dar, zwingen aber zur Neupositionierung, zur Besinnung auf die eigenen, printspezifischen Stärken. Printprodukte haben unersetzbare Materialqualitäten, die man optimieren kann: bequem zu handhaben, gut zu lesen, rascher Überblick, Tastbarkeit, man kann sie wegwerfen. Das werden Zeitungen und Zeitschriften der Online-Welt immer voraushaben – und das läßt sie überleben.

Zeitungen und Zeitschriften müssen ihre neue Funktion im Medienmix selbst bestimmen – im Idealfall als Kommunikationskontinuum zwischen traditioneller Hard Copy und Online-Auftritt. Und natürlich im Blick auf die eigenartigen Kulturtechniken der Jugendlichen. Navigation, Surfen und Channel-Hopping sind neue Lesegewohnheiten, die sich vom traditionellen, aufmerksamen, linearen Lesen radikal unterscheiden. Die Rezeptionsweise der Jugendlichen ist zerstreut, mehrdimensional, mosaikartig, folgt dem Lustprinzip und steht unter Zeitdruck. Aufmerksamkeit ist ihre knappste Ressource.

Heute ist es zwar technisch möglich, Zeitungen auf Individuen zuzuschneiden, also maßgeschneiderte Special-Interest-Magazine zu vertreiben. Doch das setzt voraus, daß die Leser nur an den eigenen Interessen interessiert sind und daß sie sie zu benennen wissen. Aber das ist die Ausnahme. Im allgemeinen weiß ich nämlich nicht, was ich wissen will. Und diese Situation wird mit dem Anschwellen der Datenflut immer dramatischer.

Die maßgeschneiderte Zeitung ist übrigens auch deshalb problematisch, weil sie den Leser in einen Informationskokon einspinnt, in dem die Erfahrung des Neuen, die an den Dissens gebunden ist, kaum mehr möglich ist. Es war ja immer eine der wesentlichen gesellschaftlichen Funktionen der klassischen Zeitung, den Leser mit abweichenden Meinungen zu konfrontieren, ihm Themen und Ideen nahezubringen, die er nicht selbst ausgewählt hat – also Kultur.

Ähnlich wie das vollständig passive Medium Fernsehen ist auch das Zeitunglesen ein Ritual. Viele brauchen die Zeitung wie den Morgenkaffee. Man sollte sich also vom Phantom des (inter-)aktiven Konsumenten, das die Software-Industrie beschwört, nicht den Blick für die trivialen Realitäten des Alltags verstellen lassen. Zeitunglesen ist nur in den seltensten Fällen eine Suche nach Information, fast immer aber: lustvolles Blättern; man läßt sich von den Neuigkeiten aus aller Welt berieseln.

Daß man statt Zeitung zu lesen „ins Internet geht", ist eine Scheinalternative. Der Informationsraum der Internet-Kultur ist nämlich, wie Mathematiker sagen würden, unendlich dimensional. Er hat also keine natürliche Topographie. Der Cyberspace ist kein Territorium, das man kartographieren könnte. Man kann es auch so sagen: Es gibt keine ‚natürlichen' Darstellungsformen im Cyberspace; deshalb braucht man Metaphern, um die Daten zu gestalten. Man könnte also von einer Metaphernpflichtigkeit des unendlich dimensionalen Informationsraums sprechen. Und das heißt eben, es geht nicht ohne die Hilfskonstruktionen alter Medien.

Die alten Medien dienen als metaphorische Orientierungshilfen im Digitalen. So gibt es bekanntlich digitale Schreibtische, Aktenordner, Papierkörbe, aber auch Zooms oder „Bausteine". Und das heißt, es geht nicht ohne die stabile Illusion vertrauter Welten. Denn der digitale Datenraum bietet Menschen keine Orientierungschance. So muß die Medienevolution selbst für eine humane Kompensation ihrer posthumanen Anforderungen sorgen.

Wir können deshalb vermuten, daß die Lebensbedeutsamkeit von Print-Medien in Zukunft noch wachsen wird. Und die neuen Funktionen der alten Medien im digitalen Medienverbund lassen sich ganz einfach bestimmen: Sie spenden den Trost der Überschaubarkeit; sie machen ein Formangebot für Sinnsuchende; sie produzieren orientierende Wissenschaftslegenden; sie dienen der Reduktion von Komplexität; und sie werden als metaphorische Navigationshilfen im Informationsraum gebraucht. Vor allem Bücher verkörpern die Idee der Ordnung des Ganzen. Und so könnte man sagen: Das Buch ist die Arche Noah in der Sintflut des Sinns.

4. Faszination Fernsehen

Das Fernsehen ist wie das Wetter: keiner ist dafür verantwortlich, meistens ist es schlecht, und jeder interessiert sich dafür. Ist es das Fenster zur Welt? Zeigt es uns, was „dort draußen" geschieht? Das scheint zumindest das Selbstverständnis der Nachrichtenredaktionen zu sein. Doch hier ist Vorsicht angebracht. Nachrichten berichten nicht, was geschieht, sondern was andere für wichtig halten. Massenmedien beobachten nicht Ereignisse, sondern Beobachtungen. Das Fernsehen zeigt deutlicher als alle anderen Medien, daß Menschen unbeobachtet beobachten wollen, wie andere beobachten. Indem die Medien diesen Wunsch erfüllen, dienen sie der Sozialisation – von Erwachsenen! Massenmedien bieten jedem Identitätssucher Kriterien für die Selbstbewertung und zeigen jedem Geschmacksunsicheren die Standards des Weltgeschmacks.

In diesem Zusammenhang war vor allem die Serie „Big Brother" lehrreich; ihr einziges Thema war das Beobachtetwerden. Man beobachtet Leute, die sich beobachtet wissen – und zwar in Situationen, die normalerweise der Beobachtung entzogen sind. „Big Brother" war Bertolt Brecht für Arme: Fernsehen als Versuchsanordnung. Aber auch für alle anderen Sendungen gilt, daß das Fernsehen es uns ermöglicht, Leute anzustarren, zu gaffen. Und längst ist auch der Blick hinter die Kulissen zum Teil der Show geworden. Im Fernsehen entscheidet deshalb nicht die kommunikative, sondern die expressive Kompetenz: ob man „gut rüberkommt".

Der Fernsehschirm strahlt dieselbe Magie aus, wie das Lagerfeuer der archaischen Horden, die sich von der Tages- und Außenwelt abwenden wollten. So heißt es in einem Essay von Hansjörg Schertenleib über die Wiederkehr des Neandertalers in unserer Siliziumzeit: *Beide kauern wir, selbstvergessen Nahrung schaufelnd, und starren in das magische Flackern. Hypnotisiert. Geborgen. Geschichten nehmen ihren Anfang.* Die Geschichte dieser Geschichten hat dann Stanley Kubricks Film „2001 – Odyssee im Weltraum" erzählt, die ganz konsequent mit einem Kurzschluß zwischen Hochtechnologie und Urhorde beginnt. Auch die elektronische Urhorde will sich von der Außenwelt abwenden. Auch die Nachrichten aus aller Welt dienen nur jener totalen Fokussierung, die in völlige Zerstreuung umschlägt.

Es gibt eine Art Mediendarwinismus, auf den schon Walter Benjamin mit seiner Formel von der *Auslese vor der Apparatur* hingewiesen hat: Alles, was geschieht, wird daraufhin getestet, ob man eine Story daraus machen kann. Im Medium der lose gekoppelten Daten sind die Stories rigide Kopplungen. Sie haben eine sequentielle Struktur – und bieten schon damit Sinn. Wer Sinn stiften will, braucht eine gute Geschichte. Die *standard story* gibt uns unsere Welt.

Prinzipiell gilt, daß Geschichten Bindungen in Netzwerken beschreiben und Bindungen zu Netzwerken verknüpfen. Alles, worüber man eine Geschichte erzählt, ist eine Verknüpfung. Wir können deshalb sagen, daß die sozialen Uhren durch Geschichten gestellt werden. Und wie jeder, der einmal einen Lebenslauf verfaßt hat, weiß, halten Geschichten Personen zusammen – „storying" nennen das die Amerikaner. Soziales Wissen wird also nicht in wissenschaftlicher Schrift gespeichert, sondern in Geschichten.

Die Massenmedien ersetzen die Mythen als Welthorizont. Die Welt ist alles, was der Fall ist – und das erfährt man aus den Medien. Deshalb sollte man eigentlich nicht sagen „Das hab' ich im Fernsehen gesehen", sondern: Das habe ich durch das Fernsehen gesehen. Die Massenmedien treffen für uns eine Vorauswahl dessen, was der Fall ist. Sie leisten also das, was Soziologen Unsicherheitsabsorption nennen, und produzieren dadurch Fakten, Fakten, Fakten. Insofern könnte man sagen: Massenmedien sind die Wirklichkeitsindustrie moderner Gesellschaften. Und oft ist die Darstellung in den Massenmedien selbst das Ereignis, über das berichtet wird.

Massenmedien wirken vor allem deshalb, weil niemand Zeit

hat, die Nachrichten zu überprüfen. Statt Informationen zur
Weiterverarbeitung vorzulegen, versorgen sie uns mit einem
Gerüst von Überzeugungen und Wünschen. So entsteht für
den Zuschauer eine Welt der vereinfachten Ursache-Wir-
kungs-Zusammenhänge. Dabei geraten die Experten als die
offiziellen Verwalter der Unsicherheit gegenüber den Medien-
vertretern zunehmend in die Defensive. Der Medienwissenschaftler Hans Mathias Kepplinger resümiert: *Je dramatischer die
Darstellungen sind, desto mehr steigt die Glaubwürdigkeit der Journalisten auf Kosten von Experten.*
    Massenmedien operieren also, erstens, nicht mit exakten
Informationen, sondern mit Plausibilität und Resonanz. Nur
die Ideen, die dem Menschen einen notwendigen Platz im
Weltlauf anweisen, setzen sich durch. Sie beschwichtigen die
Angst. Und Massenmedien lieben, zweitens, Statistiken und
Quantifizierungen, denn Zahlen sind begründungsunbedürftig. Sie orientieren sich also sachlich an Quantitäten, zeitlich
an Neuigkeiten und sozial an Konflikten.
    Aufgrund des bisher Gesagten, könnte man vermuten, daß
die Massenmedien ihre Macht ausspielen, indem sie die Meinungen ihrer Kunden direkt manipulieren. Doch bei distan-
zierterer Betrachtung ergibt sich ein etwas anderes Bild: Massenmedien setzen Themen durch, nicht Meinungen. Sie sind
„reinforcement schedules" im Sinne des Behavioristen Skin-
ner. Zu jeder Fernsehnachricht gibt es einen Gefühlskommen-
tar – es ist eigentlich gar keine „Meinung" mehr nötig! Man
bekommt deshalb ein realistischeres Bild von den Massenmedien, wenn man sie nicht als „Meinungsmacher", sondern als
die Klimaanlage der Meinungen betrachtet. Massenmedien haben es nämlich immer mit unkontrollierbaren Adressaten zu
tun. Auf die Sendungen des Fernsehens reagiert man nicht mit
Ja/Nein-Stellungnahmen, sondern mit Abschalten oder Channel-hopping. Schon deshalb ist „Aufklärung" die Lebenslüge
der Journalisten.
    Wie Nachrichten wirken, bekommt man besser in den
Blick, wenn man sich nicht mehr am Modell der Informationsverarbeitung, sondern an dem der Dienstleistung orientiert.
Guter Service heißt nämlich im Kern: man fühlt sich gut be-

dient. Und ganz entsprechend ist eine Nachrichtensendung dann gut, wenn sich die Zuschauer gut informiert fühlen. Wie überall in der Wirtschaft des 21. Jahrhunderts heißt es auch hier: Der Kunde ist das Produkt. Und das Produkt einer guten Nachrichtensendung ist eben der Zuschauer, der sich gut informiert fühlt.

Wenn man derart Information konsequent als Ware begreift, wird die Bedeutung einer Nachricht (für wen?) bedeutungslos. Es geht in den Nachrichten also nicht um ein Erklären und Verstehen der Welt. Eher könnte man umgekehrt sagen, daß die Welt zum Kontext für die Nachrichten wird – mit Neil Postmans genauen Worten *the context of no context*. Faszinierend ist gerade das unvermittelte, aus der Geschichte herausgesprengte Ereignis – und dann das ganz andere, nächste. Man soll es gar nicht verstehen.

Diese telegenen, geschichtslosen Ereignisse ereignen sich auf vier wohlunterschiedenen Ebenen. Es gibt, erstens, die echten Ereignisse wie etwa ein Erdbeben – es hat sich unabhängig von den Medien ereignet. Es gibt, zweitens, mediatisierte Ereignisse wie die Bundestagsdebatte, die wohl auch ohne Medien stattgefunden hätte, aber nun aufgrund der Präsenz der Massenmedien nach deren Regeln abläuft. Da gibt es, drittens, inszenierte Ereignisse wie die Greenpeace-Aktion, die nur für die Medien stattfindet. Und schließlich kann, viertens, die mediale Darstellung selbst zum Ereignis werden, über das dann berichtet wird; Niklas Luhmann spricht in diesem Sinne von Meinungsereignissen.

Obwohl derartige Meinungsereignisse zunehmen, sollte man daraus nicht schlußfolgern, daß die Massenmedien ihre Themen selbst erfinden; aber sie setzen Themen durch und bestimmen ihre Karriere. Sie verunsichern durch Neuigkeiten und beruhigen durch Rituale der Darstellung. Wie jedes Ritual stabilisiert eine Nachrichtensendung nicht-auflösbare Spannungen und wirkt so als soziales Band.

Vieles, was sich heute ereignet, geschieht also schon im Blick auf die Medien, die es aufzeichnen und ausstrahlen. Was geschieht, wird von seinem Spiegelbild auf dem Bildschirm geformt. Man erinnere sich nur an die gewaltigen Aufbauten der internationalen Fernsehanstalten vor der Berliner Mauer am Brandenburger Tor 1989 – die Präsenz der Medien beschwor das welthistorische Ereignis. Wenn aber der Bildschirm das Weltgeschehen formt, verändert sich die Qualität der Bilder. Die Bilder der Massenmedien kann man nicht mehr betrachten, sondern sie rücken uns auf den Leib. Sie erzeugen kein Wissen, sondern Gefühle.

Seit der Revolution der Pop Art kann man wissen, daß Gefühle ihre wahre Intensität nicht im Leben, sondern in den Medien haben. Wer wirklich etwas erleben will, sucht dieses Erlebnis nicht mehr in der empirischen, sondern in der virtuellen Realität; sie ist formbar und weniger störanfällig. Und wer tief fühlen will, geht ins Kino. Die Kinder der Pop-Kultur wissen heute, daß die Gefühle der Liebe und des Hasses auf Leinwand und Bildschirm echter sind als im eigenen Schlafzimmer. Gefühle im Fernsehen oder im Kino lösen Gefühle 2. Ordnung im Zuschauer aus – z. B. Angstlust. Aber auch solche: „Wie schön es ist, melancholisch zu sein". Geschichten liefern das Vokabular dieser Gefühle.

Disneyland, Warner Brothers Movieworld und die Mall of America zielen alle auf dassselbe: Thematisch strukturierte Bildwelten sollen eine surreale Verdichtung des Erlebnisses bringen: wirklicher als die Wirklichkeit. Und diese Erwartung ist durchaus nicht unrealistisch. Denn was fasziniert an Bildwelten? Sie sind optisch prägnanter und bewußtseinskonformer als die Wirklichkeit.

Besonders deutlich wird das in der Soap des Fernsehens; es ist ein Markenprodukt auf den Märkten der Fürsorge, das uns allabendlich die Familie als Konfektionsware bietet. Früher hat die Familie „Familienleben" produziert; heute konsumiert sie es – als Fernsehunterhaltung. Und interaktives Fernsehen soll bald paßgenau das Fernsehen mit der Familie ersetzen. Es geht hier also um eine sowohl inhaltliche als auch habituelle Ersetzung der Familie durch Soap und interaktives Fernsehen.

Ironischerweise gilt das auch für Haushalte, die noch von Familien bestritten werden. Fernsehen entspannt nämlich gerade dadurch, daß es familiäres Zusammenleben, das ja stets konfliktreich ist, eindämmt. So erbringt das Fernsehen die pa-

radoxe Leistung, Familien zusammenzuhalten, indem es die
Familienmitglieder voneinander trennt. Die Familie sitzt beim
Abendessen schweigend vor dem Fernseher und schaut einer
Familie zu, die sich streitet, lacht und liebt. Lindenstraße, Ma-
rienhof und Gute Zeiten Schlechte Zeiten funktionieren also
ähnlich wie Fertiggerichte, Therapie, Berater, Kindertagesstät-
ten und Nachhilfelehrer; sie alle stellen ein *subcontracting* von
Familienfunktionen dar.

Der klassische passive Fernsehzuschauer hat aber, seit
Computer den Alltag bestimmen, Konkurrenz bekommen.
Nach der Haltung, die man vor den Bildschirmen einnimmt,
lassen sich heute zweierlei Medien unterscheiden: „lean back"
und „sit forward". Viele Fernsehzuschauer wollen nicht mehr
nur passive Informationsverarbeiter sein, sondern aktiv in die
Medienwirklichkeit eingreifen. Und „aktiv" heißt im Zusammenhang mit Medien immer „interaktiv". Daß Massenmedien
prinzipiell nicht interaktiv sein können, ist zwar eine Grund-
einsicht solider Medienwissenschaft. Aber der Wunsch nach
aktiver Mediennutzung ist heute so groß, daß er die Medien-
techniker und Programmacher dazu zwingt, einen stabilen
Schein von Interaktivität zu erzeugen. Die „lieben Zuschauer"
machen mobil und wollen mitreden.

Natürlich können die Empfänger einer Sendung nicht in
der gleichen Weise über die Programmgestaltung mitentschei-
den wie ein Familienmitglied über den Speiseplan der kom-
menden Woche. Millionen sitzen an den Geräten, und schon
der Versuch, die konkreten Vorschläge von hundert Zuschauern ernst zu nehmen, würden einen Sender rasch ins Chaos
stürzen. Interaktivität fürs Volk muß also anders organisiert
werden, und wir kennen das Grundprinzip natürlich schon
lange: „multiple choice". Wir haben die Möglichkeit, unter
vorgegebenen Alternativen zu wählen – nicht aber: eigene Alternativen zu formulieren. Deshalb rückt der Akt der Selektion ins Zentrum der Aufmerksamkeit. Entscheidend ist nicht,
was man wählt, sondern daß man wählt.

Wenn man sich das klarmacht, versteht man auch, warum
neue Formate wie „Star Search" so gut funktionieren. Wenn
Deutschland den Superstar sucht, geht es gar nicht um die

Daniels, Alexanders oder Jessicas, sondern darum, daß die Zuschauer sich selbst in ihrer Macht genießen: Wir entscheiden!
Ob die quäkende Stimme aus Bottrop einen Plattenvertrag bekommt oder wieder spurlos im Ruhrgebiet verschwindet,
hängt von der akkumulierten Macht der Zuschauer ab. Deshalb gibt es eigentlich gar nichts Aufregenderes für einen „interaktiven" Fernsehzuschauer, als die talentlose Niete zum Superstar zu erhöhen. Jeder andere hätte es genauso werden können – wenn ich und meinesgleichen es gewollt hätten. Die Suche nach dem Superstar ist also eine Schöpfung aus Nichts, die
man bisher Gott vorbehalten hat. Im Grunde feiert sich der
Zuschauer dabei selbst.

Der Begriff Couch Potatoe sollte einmal zum Ausdruck bringen, daß sich der Fernsehzuschauer in einer Welt der unbegrenz-
ten Zumutbarkeiten eingerichtet hat und willenlos akzeptiert,
was die Fernsehgewaltigen ihm als Programm vorsetzen. Verschärft wurde diese Erfahrung durch das Privatfernsehen, das
erstmals deutlich machte, daß die Programme lediglich Entschä-
digungen für die Zumutung der Werbung sind. Doch Privatfernsehen bedeutete auch: viele Programme. Die lassen sich aber nur
mit einer Fernbedienung bewältigen. Seither gibt es Channel-
Hopping, die Freiheit des Zappens, das ja vor allem Wegzappen
ist. Man muß nicht euphorisch werden, um einen Unterschied zu
sehen zwischen der alten Fernsehwelt der öffentlich-rechtlichen
Anstalten, in der ein, zwei Sender das ganze Volk bestrahlten
(Durbridge-Effekt), und der neuen Fernsehwelt des Zappens
und der Interaktivität, in der jeder einzelne Zuschauer sein eige-
nes Programm auswählt und kombiniert.

Damit läuft heute aber auch die klassische Kulturkritik ins
Leere, die immer von unmündigen, passiven Zuschauern aus-
geht, denen finstere Mächte der Kulturindustrie eine genuß-
volle Gehirnwäsche verpassen. Das gilt übrigens auch für die
listige Umkehrung dieser Kulturkritik in Hans Magnus Enzensbergers Theorie des Nullmediums. Enzensberger war ja
der Meinung, das Fernsehen sende eine Null-Botschaft, die
der Zuschauer deshalb genieße, weil er von Bedeutungen gerade verschont werde wolle; das Fernsehpublikum begehre *Programmlosigkeit.*

Enzensbergers Pointe besteht darin, das Fernsehen als Technik der Kommunikationsverweigerung zu interpretieren. Das ist aber nur dann sinnvoll, wenn man Massenkommunikation als Vermittlung von Information versteht – das heißt: im Blick auf „Aufklärung". Natürlich wird es auch weiterhin Millionen geben, die abends einschalten, um abzuschalten. Doch „Glotzen" ist nur noch eine Option unter anderen. Auch das Fernsehen – scheinbar das Medium sündhafter Trägheit – trägt heute zu einer Kultur der neuen Oralität bei. In archaischen Zeiten war unsere Kultur schon einmal oral, aber in den engen Grenzen eines Stammes. Das war die Welt der Stimme. Die Zeit der Zivilisation war dann literal geprägt, d.h., Kultur war Print-Kultur und die dominierende soziale Wirklichkeit war die Stadt. Das war die Welt des Buches. Heute formiert sich erneut eine orale Kultur (Telefonie und Television) – nun aber nicht mehr in tribalem, sondern in globalem Maßstab. Genau das meinte Marshall McLuhan mit seiner berühmten Formel „global village". Das ist die Welt der elektronischen Netzwerke.

Dieser Übergang von einer literalen zu einer neuen oralen Kultur wird ganz deutlich dadurch angezeigt, daß wir heute den entscheidenden Akzent nicht mehr auf Information, sondern auf Kommunikation setzen. Wer in Zukunft fernsieht, gehört zur Handy-Generation, die ganz selbstverständlich erwartet, daß alle Technik ihrer Mobilität und Kommunikation dient. Technisch entspricht dem die digitale Integration der Medien. Seit Computer alle möglichen Mediendaten vereinheitlicht haben, gibt es die neuen Alleskönner, mobil und multimedial: das Handy, mit dem man fotografieren, faxen und mailen kann. Und das setzt Maßstäbe auch für die älteren Medien wie das Fernsehen.

Es wäre aber ein Mißverständnis, zu glauben, daß die Mobilmachung der Medienwirklichkeit den klassischen Massenmedien den Garaus machen würde. Vielmehr zeigt sich, daß Fernsehen und Radio auf der einen Seite und computergestützte Medien auf der anderen Seite strikt aufeinander angewiesen sind. Beide haben nämlich Probleme, die sie nicht aus eigener Kraft lösen können. Das Internet hat das Problem, daß alle Adressen kommunikationstechnisch betrachtet gleichwertig sind, d.h., daß sich alle Angebote einem erbarmungslosen Kampf um Aufmerksamkeit ausgesetzt sehen. Die Massenmedien haben das Problem, daß die Trägheit ihres Apparats den Kontakt mit dem Zeitgeist unterbricht. Internet und Massenmedien brauchen sich also gegenseitig. Die interaktiven Medien zeigen den Massenmedien die Kunden der Zukunft. Und die Massenmedien werben für das Angebot der interaktiven Medien.

Seit das Fernsehen nicht mehr von einem „Kulturauftrag" spricht, sondern um Kunden konkurriert, kann man deutlicher erkennen, wie die technische Entwicklung der Medien mit den Kundenerwartungen in der Wirtschaft des 21. Jahrhunderts und dem Selbstverständnis demokratischer Bürger harmoniert. Der Zuschauer rückt ins Zentrum der Medieninszenierung. Man kann es auch so sagen: Die auf den Märkten heute selbstverständliche Kundenorientierung hat jetzt auch die Massenmedien erreicht. Man hat begriffen, daß der Medienkunde selbst das eigentliche Produkt einer Sendung ist. So wird Fernsehen zum Event.

Daß der Medienkunde das eigentliche Produkt der Sendung ist, gilt übrigens auch strikt ökonomisch. Betrachtet man nämlich die Produktionsverhältnisse, so ist der Zuschauer nicht der Konsument, sondern das Produkt des Fernsehens – er wird an die Werbetreibenden „verkauft". Fernsehprogramme haben also vor allem die Aufgabe, die Wahrscheinlichkeit des Abschaltens zu reduzieren.

Doch aus rein technischen Gründen wird es für die Sender immer schwieriger, ihre Zuschauer an die Werbetreibenden zu verkaufen. Was den Fernsehzuschauer bisher konkret versklavt hat, war der Zwang der Werbung. Um den Spielfilm oder die Sportschau zu sehen, mußte man bisher Werbeblöcke ertragen. Heute genügt es, eine Viertelstunde später einzuschalten, um die Werbung souverän zu überspringen. Denn der neue Fernseher ist längst auch ein Computer. Er speichert die Sendung auf einer Festplatte und eliminiert die Werbespots. Während die Sendung noch läuft, läßt sie der Fernsehcomputer neu beginnen.

Aber auch inhaltlich verändert die Digitalisierung das Gesendete. Man könnte hier von einer Ökonomie der Wiederholung sprechen. Denn seit es Speichermedien wie CD und DVD gibt, werden Filme verstärkt auf wiederholte Rezeption hin angelegt. Das bedeutet aber: es ist mehr Komplexität nötig. Einen Film von David Lynch z. B. muß man mehrmals ansehen, um seine Botschaften ganz auszuschöpfen. Daraus ergibt sich ein neues Erfolgskriterium: die erfolgreiche Wiederholung. Bisher gab es das meist nur bei Kinderfilmen. Doch viel wichtiger als die Möglichkeiten und Schwierigkeiten der klassischen Werbung im Fernsehen des 21. Jahrhunderts ist sein eigener Warencharakter. Fernsehen ist heute eine Ware. Sender verstehen sich als Marken und konzentrieren ihr Marketing auf Kultsendungen. Die Zeit der Aufklärung und Kritik ist also vorbei. Information, Unterhaltung und Werbung verschmelzen – das Stichwort lautet: Infotainment.

5. Der Manipulationsverdacht

Medienwissenschaftler lassen sich bei ihren Fragestellungen von anderen Wissenschaften anleiten. So legen Ökonomen die Frage nahe: Was machen die Leute mit den Medien? Wir sind dann beim Thema Mediennutzung, und zwar vor allem beim Bedürfnis nach Unterhaltung. Darauf kommen wir noch ausführlich zurück. Soziologen dagegen würden umgekehrt fragen: Was machen die Medien mit den Leuten? Das ist die Frage nach der Medienwirkung – und man vermutet Manipulation.

Zu Zeiten der Aufklärung war es der Verdacht gegen das Geheimnis – alles mußte demaskiert werden. Im 19. Jahrhundert schlug der Verdacht nach innen, und man unterstellte sich selbst Klassenbewußtsein oder unbewußte Motive. Und heute nähren die Mahner den Manipulationsverdacht gegen die Medien. Dabei genießen sich die Kritiker in dem Gefühl, gegen den Strom zu schwimmen. Aber das ist nur eine Wahrnehmungstäuschung. Denn in der Medienwirklichkeit ist das kritische Bewußtsein selbst der Mainstream. Seit den Tagen der Studentenbewegung tarnt sich der Konformismus als sein Gegenteil – nämlich als Kritik. Damals rastete der Automatismus des Hinterfragens ein; heute trägt man stereotyp Bedenken oder stilisiert sich als Opfer.

Es ist aber sinnlos, den Massenmedien Manipulation vorzuwerfen. Sie interessieren sich nämlich nicht für die Wirklichkeit an sich, sondern dafür, wie die Wirklichkeit von anderen gesehen wird. Deshalb muß, was sich ereignet, damit es sich ereignet, mediengerecht sein. Massenmedien berichten nicht, was geschieht, sondern was andere für wichtig halten. Sie beziehen sich in erster Linie nicht auf die Welt, sondern auf sich selbst. Das gelingt gerade dadurch, daß sie Störungen von „dort draußen" verarbeiten.

Nun ist die Geschichte der Manipulation so alt wie die Geschichte der Medien selbst. Fälschung gab es schon immer, aber Digitalität ist das Reich der spurlosen Fälschung. Hier gibt es kein Wasserzeichen der Echtheit mehr. Wenn das White House als Hintergrundbild eines Live-Kommentars ein paar Meter zu breit ist, kann man sie ohne weiteres aus dem Computerbild herausrechnen. Wenn die amerikanische Fernsehgesellschaft CBS ein Bild vom Times Square zeigen will und sich dabei vom riesigen Logo des Konkurrenten NBC gestört fühlt, ersetzt sie es einfach durch das eigene – digitale Manipulation macht's möglich, und zwar live.

Der Glaube an die Redlichkeit der Bilder geht auf die Technik einer Photographie zurück, die ihr Erfinder Fox Talbot als *pencil of nature* bezeichnen durfte. Die Natur schreibt sich selbst auf – als Foto. Diesem Vertrauen hat die digitale Bildtechnik den Boden entzogen. Jetzt ist jedes Bild nur noch das Resultat von Rechnungen.

Ein neues digitales Alphabet gilt heute für Bilder, Worte und Klänge gleichermaßen. Die Pixelkonfigurationen der errechneten Bilder kennen, außer den technischen Standards, prinzipiell keine Grenze der Gestaltwerdung und Bildmanipulation. An dieser logischen Grenze von Unterscheidbarkeit überhaupt, dem Pixel, bilden sich heute die errechneten Bilder. Man kann hier nicht mehr von Abbildung sprechen, weil jedes Pixel auf dem Bildschirm einzeln berechnet und manipulierbar wird. Als die Fernsehbilder vom Mond kamen, mußten die Daten erst verarbeitet werden, um Sichtbarkeit zu erreichen.

„Picture processing" nennt man diese digitale Nachbearbeitung fototechnisch schwacher Funkbilder. Das ist eine Technik der spurlosen Fälschung: Funkbilder und Fotos werden mit einem Scanner abgetastet und in digitaler Form, d.h. als diskrete Zahlenreihe, im Computer gespeichert. Nun kann man retuschieren, ohne daß Spuren bleiben, denn die Pixel des Monitors sind kleiner als die Film-Körnung. Man kann es auch so sagen: Daß jedes Bild als Matrix von Codes manipuliert werden kann, hat den Effekt, daß es keine ‚Effekte' mehr gibt. Am Endpunkt dieser Entwicklung wird die Kamera durch die direkte Video-Synthese numerischer Bilder ersetzt werden. Elektronische Bildverarbeitung korrigiert und verknüpft digital gewandelte Bilder von jedem einzelnen Pixel aus. Techniken wie die Fourier-Analyse ermöglichen eine Bildnachbearbeitung, die etwa Satellitenbilder überhaupt erst interpretierbar macht. Die Photographien werden gleichsam gesäubert, ihre Datenstruktur optimiert. Oberflächen erscheinen dann geglättet, Kanten scharf konturiert. Bei dieser elektronischen Nachbearbeitung von Bildrohdaten verliert der Begriff Manipulation seinen kritischen Sinn. Weil elektronische Bildverarbeitung immer Manipulation ist, wird es in Zukunft kaum mehr technische Möglichkeiten des Echtheitsbeweises von Photographien geben. Uns bleibt nur, wie schon Ted Nelson mutmaßte, das Vertrauen in den, der das Photo geschossen hat. Es gibt in der Welt elektronischer Dokumente eben kein Äquivalent zum Wasserzeichen, keine Marke der Echtheit.

Gerade im Internet stellt sich das Problem der Glaubwürdigkeit des Wissens in aller Schärfe. So scheint unsere Kultur schon längst auf Wahrheit verzichtet zu haben. An ihre Stelle ist das Vertrauen in den Wettbewerb der Informationsquellen getreten. Wer heute online geht, setzt sich einer Anarchie der Information aus, in der es keine Kontrollmöglichkeiten mehr gibt – hilfreiches Wissen und Paranoia gedeihen hier in friedlicher Koexistenz nebeneinander. Und weil für einen modernen Menschen ganz selbstverständlich die Kommunikationswahrnehmung an die Stelle der Weltwahrnehmung tritt, kann man auch nicht mehr auf eigene Faust die von den Medien angebotenen Informationen an der „Wirklichkeit" messen. Denn wo sollte eine Wirklichkeit hinter den Medien sein?

Natürlich haben wir längst eine Lösung für das Glaubwürdigkeitsproblem des Wissens gefunden: Wir lesen den Spiegel und die FAZ, hören Radio und sehen uns die Tagesthemen an. Oder um es wissenschaftlich spröde, aber genau zu sagen: Wir erreichen Verläßlichkeit durch Redundanz. Der Wettbewerb der Informationsquellen läßt uns vertrauen in das, was wir zu wissen bekommen.

So wie es für uns keine Alternative dazu gibt, den Massenmedien zu vertrauen, so setzen diese ihr Vertrauen in Quellen, z.B. „gewöhnlich gut unterrichtete Kreise". Das verführt zu Manipulationen, und sei es auch nur zur Fälschung von Statistiken, von denen Zyniker ja immer schon vermutet haben, daß sie überhaupt nur in gefälschtem Zustand existieren. Es liegt auf der Hand, daß hier ständig manipuliert wird. Aber unser Vertrauen in die Massenmedien ist trotzdem alternativelos. Es macht nämlich lebenspraktisch keinen Sinn, dem reißenden Strom der Neuigkeiten mit einem Manipulationsverdacht entgegenzutreten. In der modernen Welt fehlt einfach die Zeit, den Bericht über die Wirklichkeit mit dieser selbst – was immer das sein mag – zu vergleichen.

Es geht also nicht ohne Vertrauen; doch das kann enttäuscht werden. Je perfekter die Medientechniken werden, desto riskanter wird der Ritt über den Bodensee, den wir Welterfahrung nennen. Deshalb läßt sich unsere Kultur heute von der Unterscheidung „Simulation vs. Authentizität" faszinieren. Gerade weil jeder spürt, daß die Medien mit ihrer Inszenierungsmacht immer tiefer in die Wirklichkeit eindringen, wächst die Sehnsucht nach dem „wirklich Wirklichen" – und die wird dann natürlich von den Medien befriedigt. Das ist das einfache Erfolgsgeheimnis von Reality TV, Shockumentaries und Voyeur-Fernsehen wie „Big Brother": In der Welt der Simulation wird das Reale zur Obsession.

Es ist sicher kein Zufall, daß im Zeitalter der Massenmedien die eigentliche Wirklichkeit, Echtheit und Wahrheit auf der Straße gesucht werden. „Wirkliche" Wirklichkeit ist aber immer das Resultat einer Mystifikation. Tatsächlich ist „street credibility" mittlerweile ein bedeutsames Marketing-Instrument. So ist etwa das Schauchboot von Greenpeace auf die Fernsehberichterstattung berechnet – Prime Time Activism hat Ch. Ryan das genannt. Wer spontan seinen Protest bekundet, muß darauf achten, daß die Mikrophone eingeschaltet sind. Auch die Revolte braucht Marketing als Kampf um die Wahrnehmung. Und es gab sie natürlich auch schon früher, die mediengerechten Artisten der Revolte Langhans, Uschi Obermaier, Dutschke. Ihre Bilder und Sprüche werden in Erinnerung bleiben, wenn nur noch ein paar Historiker erklären können, was einmal mit der *Legitimationskrise des Spätkapitalismus* gemeint war.

6. Die Funktion des Moralisierens

Modern leben heißt: Ich beobachte, was und wie andere beobachten – und werde dabei von anderen beobachtet. Das ist der nichttechnische Grund für die Krise der Echtheit, auf die dann – kompensatorisch – ein Kult des Authentischen antwortet. Hinter der Oberfläche des Sozialen die Tiefe des Selbst zu suchen ist eine Naivität, die vom Konkretismus der Massenmedien bedient wird. Daß man von dem, was als und in der Welt geschieht, Bilder zeigen und Namen nennen kann, ist ihr Heilsversprechen.

Nicht nur die Nachrichten, sondern auch die Human-Interest-Stories lehren uns, Handlungen auf Personen zuzurechnen. Das gelingt vor allem dann überzeugend, wenn es sich um Berühmtheiten handelt. Früher wurden sie „nobiles" genannt: Leute, die bekannt sind und die man deshalb gerne kennenlernen würde. Heute sind die Stars das Produkt der Medienauslese; sie sind bekannt dafür, sehr bekannt zu sein.

Seit es keine Herren mehr gibt, braucht die Gesellschaft „They" (Norton Long) – die großen Persönlichkeiten, die verantwortlich sind für das Ganze und damit dem „Man" (Heidegger), also den Leuten wie du und ich, die Angst nehmen. Konkret funktioniert das über eine Rückkopplung zwischen den Mächtigen und den Massenmedien. Man könnte es auch so sagen: Die Massenmedien funktionieren wie ein doppelseitiger Spiegel, auf dessen Seiten sich „They" und „Man" formen. Man nimmt an Größe und Tragik teil und genießt zugleich die Wonnen der Anonymität – oder der Schadenfreude.

Bewunderung ist die Währung, in der wir die Helden bezahlen, die uns entlasten. Das funktioniert um so besser, je sicherer die Distanz zu ihnen organisiert ist. Für den Genuß des

Distanzgewinns brauchen die meisten Menschen aber Apparate, Medien und Inszenierungen. Nur in deren Schutz kann man die großen Persönlichkeiten als *Achtungskonserven* konsumieren. Das gilt nicht nur für die Prominenz von Sport und Unterhaltung, sondern auch für die Hauptdarsteller der Politik. Damit bestätigt die Mediendemokratie einen archaischen Mechanismus: Der Gruppenzusammenhalt wird durch die gemeinsame Beobachtung der dominanten Persönlichkeit gesichert.

Die moderne Welt ist komplex – und deshalb eigentlich gar nicht medientauglich. Man muß sie erst präparieren, indem man das jeweilige Problem personalisiert und Menschen für das, was geschieht, verantwortlich macht. Massenmedien moralisieren die Probleme, indem sie sie auf Entscheider und Betroffene, auf Täter und Opfer reduzieren. Man braucht Schuldige, um die Komplexität der Welt handhabbar zu machen. Indem sie personalisieren, verschleiern die Massenmedien gerade mit der großen Gebärde des Entlarvens. Mit Nietzsches genauen Worten: *Der Entrüstungspessimismus erfindet Verantwortlichkeiten.* In der Komplementärrolle erscheint dann das Opfer als Held – ebenfalls ein Medienpräparat.

Die Massenmedien nennen also Namen als Antwort auf die Frage, warum schiefläuft, was schiefläuft. Personifizierung vereinfacht die Welt bis zum Bild auf dem Titelblatt der Nachrichten-Magazine. Und das ist ein wichtiges Zwischenergebnis unserer Analyse: Die Massenmedien beeinflussen uns nicht, indem sie Partei ergreifen, sondern indem sie Ereignisse verdichten und dann auf Menschen zurechnen. In der Medienwirklichkeit machen Menschen Geschichte.

Massenmedien lösen alle politischen und sozialen Beziehungen in Ereignisse mit Nachrichtenwert auf. Und diese Nachrichten müssen neu, kurz, sofort verständlich und zusammenhanglos sein. Sie können rasch aufgefaßt und rasch vergessen werden. Deshalb haben Weltnachrichten nichts mit unserer Erfahrung zu tun – sie sind erfahrungsdicht. Doch gerade weil wir die Informationen gar nicht verwerten können, sind sie reizvoll: Sensationen. Massenmedien informieren also nicht, sondern sie erregen. Und was man faktisch dann doch

an Informationen ansammelt, produziert das, was der Sozial-
philosoph Arnold Gehlen einmal *reich unterrichtete Weltfremdheit*
genannt hat.

Wie geht man mit Irritationen um? Die Wissenschaft erklärt, die Medien normalisieren. D.h., die Medien ersetzen Erklärung durch die Steigerung der Irritationsbereitschaft des
Publikums. Massenmedien trainieren den Umgang mit Irritationen und damit die Anpassungsfähigkeit der Gesellschaft.

Es ist wohl die wichtigste gesellschaftliche Funktion der Massenmedien, durch das Publizitätsschema der *unbeteiligten Teilnahme* eine Art Grundvertrauen zur Gesellschaft zu erzeugen.
Fernsehen, Radio und Printmedien kultivieren ein unbetroffe-
nes Miterleben der Weltereignisse, also prinzipielle Zugäng-
lichkeit von allem bei technisch sichergestellter Passivität des
Zuschauens. Sensationslust, Neugier und die Lust an der Ent-
larvung sind hier auf Dauer gestellt.

Die eigentliche Botschaft der Nachrichten ist Allgegenwart,
eine Art Weltzeitgenossenschaft. So leisten Massenmedien die
instantane kommunikative Integration der Weltgesellschaft.
Das funktioniert nun weniger über Information als durch moralische Standards. Massenmedien besorgen die soziale Koordination moralischer Perspektiven. Medien wie Geld und
Macht funktionieren ja moralneutral. Deshalb nehmen sich die
Massenmedien der heimatlosen moralischen Urteile an. Insofern versorgen sie die Gesellschaft nicht nur mit Information,
die irritiert und erregt, sondern auch mit Moral, die stabilisiert
und beruhigt.

Nun ist Moral aber ein Nahorgan – und steht damit in
unaufhebbarer Spannung zur Weltweite der Telekommunikation. Mit anderen Worten: Weltkommunikation erzwingt eine
Fernoptik in der Ethik – und das macht die Menschen unsi-
cher. Wenn die ganze Welt zum Gegenstand des Verantwor-
tungsgefühls wird, dann entspricht dem natürlich kein konkre-
tes Handeln mehr. So inszeniert die Weltkommunikation
Fernsolidaritäten und Stellvertreternegationen und produziert
eine permanente Alarmbereitschaft der Gesellschaft.

Die Massenmedien muten den Menschen heute also nicht
nur Pflichten gegen seinesgleichen, sondern gegen die ganze

Menschheit und deren Zukunft zu; damit überlastet man aber
das Moralgefühl. Daher die Konjunktur des Moralismus. Mit
Hilfe der Massenmedien praktiziert die moderne Gesellschaft
ihre universalistische Moral: Man kann sich für konkrete Opfer aus aller Welt engagieren. Insofern bieten uns die Massenmedien „das Ganze" durch Emotionalisierung und Moralisierung. Die Fernethik der Weltkommunikation dient dazu, weit
entferntes Unglück in unsere Nahwelt hineinzukopieren. Die
ganze Welt geht uns jetzt etwas an. Und fast nichts können wir
tun. Je unmöglicher aber ein wirklich eingreifendes Handeln
ist, desto lauter das Pathos der Betroffenheit. Mitleid ist das
demokratische Gefühl par excellence. Die stereotype Welt-
haltung von „Wut, Trauer und Betroffenheit" ist aber nichts
anderes als eine moralisch verhüllte Form des Voyeurismus.
Blasiertheit und Betroffenheit sind Komplementärphäno-
mene.

Doch der hier so nahe liegende Vorwurf der Heuchelei geht
ins Leere; er unterstellt nämlich, man müßte meinen, was man
sagt. Nüchtern betrachtet ist Heuchelei ein Übergangs-
phänomen – und zwar in doppeltem Sinn. Heuchelei kombiniert die Lust am Laster mit dem Anschein der Tugend. Sie
entsteht immer dann, wenn Sein und Geltung auseinander-
treten. Heuchelei wächst deshalb immer in Zeiten des Über-
gangs: Die offiziellen Werte decken sich nicht mehr mit dem
Verhalten.

Gerade weil die Massenmedien süchtig nach Streit sind,
brauchen sie als Kontrastfolie des Alltäglichen die Harmonie
und das Einverständnis. Sie brauchen dringend, was zu fürchten sie vorgeben: den Streik, den Rücktritt, den Skandal. Kon-
flikte können nämlich nur Nachrichtenwert haben, wenn sie
nicht der Normalfall sind. Das hat nun einen faszinierenden
Effekt, den man geradezu einer List der Vernunft zuschreiben
könnte: Die Massenmedien tun so, als ob sie für Konsens und
Versöhnung plädieren; doch tatsächlich fördern sie den Streit.
Streit ist aber ironischerweise gerade das, was unsere Gesellschaft zusammenhält – und eben nicht: Konsens.

Einen Streit zu entfachen ist ganz einfach: Man muß nur

moralisieren. Der wichtigste rhetorische Effekt des Moralisierens besteht darin, daß man mit Werten unlösbare Probleme unsichtbar machen kann. Wer nach Moral ruft, ist nicht bereit umzulernen und will sich das Denken ersparen. Statt nachzudenken, verteilt man Achtung und Mißachtung; man konzentriert oder entzieht Aufmerksamkeit. Und auch das ist gesellschaftlich durchaus funktional. Aggressiver Moralismus war nämlich schon immer eine soziale Technik der Kontrolle von Betrügern. Die Massenmedien regulieren also den Markt für Achtung und Aufmerksamkeit. Wie unverzichtbar diese Leistung ist, wird deutlich, wenn man sich klarmacht, daß nicht nur Medien wie Geld und Macht, sondern auch das Recht moralneutral funktionieren. Die Werte sind in unserer modernen Welt obdachlos. Und daraus folgt: Moral flottiert frei.

Der obdachlosen Werte nehmen sich nun die Massenmedien an; sie versorgen die Gesellschaft also nicht in erster Linie mit Information, sondern mit einem Moralschema. Dieser „Wertekonsens" muß aber unformuliert bleiben. Gemeinsame Werte lassen sich nur noch in einem Negativbericht anschreiben. So reproduziert sich die Wertegemeinschaft der Massenmedien alltäglich im Medium der schlechten Nachrichten. Mit anderen Worten: Der Negativismus der Weltnachrichten schafft Einigkeit darüber, was wir alle alles nicht wollen.

Die Welt der Massenmedien ist also nicht komplex, sondern schlecht. Deshalb können sie die Zuschauer nur indirekt orientieren. Doch das scheint zu genügen. Massenmedien zeigen, was man nicht ist. Auch diesen Dienst am Kunden kann das Fernsehen besser als andere Medien verdeutlichen. Wer fernsieht, ist durch den Bildschirm doppelt abgeschirmt: gegen die bedrohliche Welt und gegen die soziale Umwelt.

Wie in der Antike die Poesie ist heute das Fernsehen nicht nur Informationsquelle, sondern auch moralisches Training. Neuigkeiten beunruhigen, Moral beruhigt. Und nicht nur im Unterhaltungsprogramm bietet das Fernsehen die soziale Lust der Moralität: Gerechtigkeit geschieht. In der fiktiven Realität des Krimis wird der Verbrecher seiner gerechten Strafe zugeführt. In der realen Realität der Öffentlichkeit wird der korrupte Politiker oder Wirtschaftsführer an den *Medienpranger* gestellt. Die Medien inszenieren den Skandal als demokratischen Schauprozeß, den die Zuschauer lustvoll konsumieren. Der Skandal ist der Sündenbockmechanismus der Massenmedien. Dabei erweisen sich Altruismus und Niedertracht als funktional äquivalent: Die Bestrafung des Übeltäters ist ein öffentliches Gut – egal, ob sie aus Gemeinsinn oder aus Bösartigkeit erwächst.

Wie gesagt: Massenmedien steuern die Aufmerksamkeit – so entstehen Mythen, Helden und Affären. Durch ihre Techniken der Aufmerksamkeitssteuerung wird eine Affäre überhaupt erst zur Affäre. Es ist also nicht einfach so, daß unsere Politiker immer kaltblütiger und gesinnungsloser werden. Die Skandale, mit denen sie uns regelmäßig beglücken, sind Medienprodukte. Mit anderen Worten: Die massenmediale Öffentlichkeit kontrolliert das politische System, indem sie Ordnungswidrigkeiten als Skandale präsentiert. Und in der Tat: Der Skandal ist die einzige Form, in der Moral in der Politik erscheint. Und er ist die Form der moralischen Selektion in den Massenmedien. Der Skandal hat einen Scheinwerfereffekt, der für Augenblicke Klarheit auf der gesellschaftlichen Szene verschafft und alles andere in wohltätigem Dunkel beläßt. Der Medienwissenschaftler Kepplinger resümiert: *Skandale sind Kunstwerke mit klaren Botschaften und starken emotionalen Appellen.*

Eine Form der Skandalisierung ist besonders folgenreich. Man weiß schon lange, daß das Fernsehen das Reisen ersetzen kann. Aber heute wird es für die Armen oft auch zum Auslöser für die Große Reise. Die Bilder der Medien treiben die neue Völkerwanderung an. Die Armen machen Ernst mit dem Egalitarismus der Medien: jeder ist ein Mensch wie du und ich. Das macht Ungleichheit zum Skandal. Der Filter der Stände und Kasten ist ja längst weggefallen. Da muß das Fernsehen nur Bilder des Westens zeigen – und die Erwartungen explodieren.

FH JOANNEUM Graz ■ Kapfenberg ■ Bad Gleichenberg
Tel.: +43 (0)316 5453-0, Fax: +43 (0)316 5453-8801
E-Mail: info@fh-joanneum.at, www.fh-joanneum.at

Übersetzung
Vermittlung

7. Katastrophenkonsum und das Training der Angstbereitschaft

Was wir im Fernsehen zu sehen bekommen, ist die Welt als Skandal und Katastrophe. Und wir sind auch als Unbetroffene betroffen – nicht nur, weil eine universalistische Moral uns für alles verantwortlich macht, was auf dem Erdball geschieht, sondern auch deshalb, weil uns die fernen Bilder des heutigen Schreckens auf die gemeinsame Zukunft aller Menschen in der modernen Gesellschaft stoßen. So bildet sich weltweit eine Ökumene der Fernsehzuschauer.

Massenmedien sind auf Katastrophen abonniert; und derart bestimmen sie, wie Pascal Bruckner sehr gut erkannt hat, *den Wirklichkeitsbezug der jungen Generation, die jeden Angriff auf den Planeten als Angriff auf sich selbst erlebt, womit sie an eine geniale Intuition von Fourier anknüpft, der Universum und Mensch als einen einzigen Körper mit einer einzigen Haut beschrieb, der von denselben Regungen der Lust und des Schmerzes durchzuckt wird.* Gegen diesen Wahrnehmungsreiz kämpfen abgeklärte Soziologen vergebens. Im Blick auf Katastrophen fällt es nämlich schwer, zwischen Menschen und Gesellschaft zu unterscheiden.

Wenn man heute die Welt in den Massenmedien beobachtet – und wie sonst sollte man „Welt" in den Blick bekommen –, zeigt sich deutlich, daß die Natur Konjunktur hat. Ökologische Probleme sind offenbar deshalb das ideale, unüberbietbare Thema der Massenmedien, weil eben die ganze Welt in den Blick rückt: Alle sind betroffen. Radioaktivität und Umweltverschmutzung kennen keine Grenzen. Darüber hinaus können die Medien fest damit rechnen, daß ständig neue Folgelasten technischer Innovationen anfallen. Und schließlich stellen ökologische Probleme die politische Kontroverse auf Dauer, weil es für sie keinen „master plan" gibt. Es spricht also nicht sehr viel dafür, daß die Menschen Massenmedien nutzen, um sich über die Welt zu informieren. Neuigkeiten destabilisieren, sie stellen unsere Aufgeregtheit und Unsicherheit auf Dauer. Statt Informationen zu verarbeiten, nimmt man Neuigkeiten hin. Vor allem Fernsehnachrichten inszenieren das Drama der Hilflosigkeit. Man lernt, sich hilflos zu fühlen, wenn man andere beobachtet, die unkontrollierbaren Ereignissen, etwa Naturkatastrophen, ausgesetzt sind.

Die Massenmedien setzen uns ständig dieser Unkontrollierbarkeit aus. Doch was man nicht primär kontrollieren kann, kann man immer noch sekundär kontrollieren: Man sagt das Schlechte voraus; man identifiziert sich mit den Stars; man findet einen Sinn im Übel. Und darüber hinaus wird der Kontrollwunsch heute auch technisch befriedigt: Videospiele bieten uns die verläßlich reagierende, antwortende Welt der Technik. Aber auch schon die Fernbedienung verspricht technische Kontrolle als Heilmittel gegen Hilflosigkeit.

Bei Katastrophennachrichten geht es nicht um Information, sondern um den Genuß des Distanzgewinns gegenüber dem Schrecklichen. Der Zuschauer der Katastrophe genießt nicht das Leiden der anderen, sondern seine Distanz dazu – so sieht es übrigens schon Lukrez. Massenmedien ernähren sich von Katastrophen. Und gute Nachrichten haben offenbar keinen Nährwert. Statt dessen konsumieren wir die Statistiken des alltäglichen Schreckens – zugleich verängstigt und fasziniert. Durch diesen *focus on failure* präsentiert der Journalismus ein Bild von der Welt, das uns dazu verführt, das Negative zu überschätzen.

Doch welches Bedürfnis wird damit befriedigt? Schon Nietzsche hat vermutet, daß wir in einer Gesellschaft der Notsüchtigen leben – nichts ist uns nötiger als Nöte, sichtbare Unglücke: Tsunami und islamischer Terror. Und gerade die lustvolle Unbetroffenheit durch das Leid dort draußen fordert komplementär die „Betroffenheit" als Attitüde. Man konsumiert die Sensationen des Unheils und die Szenen des Protests. Und überall wo Protest die Reflexion ersetzt, sind die Massenmedien zur Stelle – sie feiern die Sichtbarkeit der Gesellschaft im Ornament der Protestbewegungen. Massenmedien pflegen durch ihren Negativismus die Unruhe der Gesellschaft, d. h. ihre Anpassungsbereitschaft. Sie trainieren den Umgang mit Irritationen. Die eigentliche Botschaft der Massenmedien lautet: Die Ereignisse wechseln, der Senderahmen bleibt konstant. Auch der nächste Montag ist wieder Spiegel-Tag. Auch morgen kommt um 20 Uhr die Tagesschau. So kann man beruhigt das Unerwartete erwarten. Tag für Tag wird der Welthorizont für uns nach Schlechtigkeiten abgetastet – und damit Angstbereitschaft eingeübt.

Damit erfüllen die Massenmedien eine wichtige gesellschaftliche Funktion. Auch in der modernen Welt nämlich sind Angstbereitschaft und Unbehagen die entscheidenden Überlebensstrategien. Wir sind evolutionär disponiert, immer das Schlimmste zu erwarten. Und die Massenmedien lehren uns das Fürchten. Heute muß man nicht mehr „ausziehen", um das Fürchten zu lernen – es genügt, den Fernseher einzuschalten.

Massenmedien bieten so einen stabilen Rahmen für allgemeine Verunsicherung. Mit anderen Worten: Sie funktionieren wie Mythen; sie geben ein Bild von den bedrohlichen Mächten der Welt und weben ein Sicherheitsnetz aus Geschichten. In den Nachrichten erscheint die Welt als von Irritationen bedroht. Die Informationen erregen, und die so freigesetzten Gefühle funktionieren als Unterbrechungsmechanismus. Man denkt nicht mehr an die hohe Arbeitslosigkeitsrate, wenn die Oderdeiche zu brechen drohen.

Diese Emotionalisierung der Gesellschaft durch erregende Informationen ermöglicht rasche Drehungen des Wertekarusells. Weil wir aber längst auf permanente Irritation eingestellt sind, können wir nicht mehr staunen. Rekorde und Skandale, Katastrophen und Terror bringen uns nicht zum Nachdenken, sondern sie trainieren unsere Angstbereitschaft. Deshalb kann man sagen: Massenmedien produzieren einen permanenten Alarmzustand der Gesellschaft.

Und gerade dadurch werden wir zu Bürgern der Weltgesellschaft. So macht uns das Fernsehen zu Zuschauern der Prime-Time-Aktivisten, z.B. der Terroristen, die unsere Zukunft als Drohung verkörpern. Hier wird für jeden sichtbar, daß die Zukunft immer mehr die gemeinsame aller Menschen ist. Das Zeitalter der Massenmedien ist deshalb das Zeitalter des *Entrüstungspessimismus* und der Angstrhetorik. Die Bedenkenträger und Betroffenheitsdarsteller, die hier den Ton angeben, sind Moralunternehmer. Als Angststellvertreter kommunizieren sie Betroffenheit über die Betroffenheit anderer.

Vor allem der Kathederprophet ist ein Lieblingskind der Massenmedien. Und längst wird unsere Demokratie durch die Medienherrschaft der Warner, Mahner, Betreuer, Notstandsstellvertreter und Randgruppenanwälte, der Dauerempörten und chronisch Gekränkten geprägt. Dem entspricht präzise die Political Correctness: das Medienpräparat der Opfer als Helden. Massenmedien machen also auf dem Markt der Gefühle Geld mit der Angst der anderen. Es gibt längst eine gut geölte, multimediale Angstindustrie, die einen Spiritualismus der Bedrohtheit kultiviert: die Unsichtbarkeit des Schädlichen (Radioaktivität, Gift, Feinstaub). In der Welt der Warner und Mahner wird die Apokalypse zur Ware.

Angst erweist sich dabei als erfolgreichster Kommunikationsmodus, denn die Angstrhetorik ist unwiderlegbar. „Ich habe Angst" – authentischer geht's nicht. So erfindet der Humanismus der Massenmedien die Menschheit als Gemeinschaft der Ängstlichen; er stiftet eine Ökumene der apokalyptischen Drohung. Wer dagegen Distanz zur Moral hält, gilt als Zyniker.

Verständlicherweise reagieren viele Menschen auf die Unübersichtlichkeit dieser neuen Medienwirklichkeit mit Angst. Und die Angstreaktion setzt sich dann in den hilflosen Regulierungsversuchen des Staates fort. Die moderne Gesellschaft provoziert heute eine Überthematisierung von Sicherheitsfragen (Datenschutz, Hacker, gläserner Konsument); und viele unternehmerisch denkende Menschen befürchten (befürchten!), daß der Sicherheitswahn die Möglichkeit des Besseren auf dem Altar der Angst opfert.

8. Die Tyrannei
der öffentlichen Meinung

Gegen Ende des 17. Jahrhunderts prägen Börse, Post und Presse als dem Publikum allgemein zugängliche Institutionen eine neue Kommunikationsstruktur, die Jürgen Habermas als *publizistisch bestimmte Öffentlichkeit* definiert hat. Seither gelten Geheimnisse nicht mehr als schützenswert, sondern als verdächtig. Es beginnt die Zeit des Demaskierens, des Ideologieverdachts und der nackten Wahrheit. Nur in dieser neuen Sphäre der Publizität konnte sich Politik in Verhältnissen der Repräsentation ordnen und im Stil parlamentarischer Diskussion arbeiten.

Die traditionelle Selbstbeschreibung der bürgerlichen Öffentlichkeit kreist deshalb um Begriffe wie Repräsentation, Publizität, Sichtbarkeit, persönliche Würde, Form, Institution. In der bürgerlichen Öffentlichkeit bilden sich die Muster des Politischen, denn in ihr ruinieren sich die individuellen Meinungen gegenseitig.

Der Sonnenaufgang der Aufklärung ist das morgendliche Erscheinen der Tageszeitung, die das Licht der Öffentlichkeit verbreitet. Der Glaube an Diskussion und Öffentlichkeit tritt gleichsam an die Stelle des Gottesglaubens. Die öffentliche Diskussion ist das Medium der Aufklärung, die sich vernünftige Gesetze gibt, indem sie Meinungen zu einem Kampf antreten läßt, in dem jeder bereit ist, sich von seinem Gegner durch rationale Argumente überzeugen zu lassen.

Diese aufgeklärte Welt verdunkelt sich allerdings schon im 19. Jahrhundert. Der Liberalismus zerbricht an der Herausforderung des Sozialismus und den Notwendigkeiten der Massendemokratie. Das Argument erweist sich als ohnmächtig vor der Propaganda-Maschine, die Diskussion verstummt vor der Diktatur, die Öffentlichkeit erstarrt zum Ornament der Masse. Und 1926 spottet der Staatsrechtler Carl Schmitt: *Manche Normen des heutigen Parlamentsrechtes, vor allem die Vorschriften über die Unabhängigkeit der Abgeordneten und über die Öffentlichkeit der Sitzungen, wirken [...] wie eine überflüssige Dekoration, unnütz und sogar peinlich, als hätte jemand die Heizkörper einer modernen Zentralheizung mit roten Flammen angemalt, um die Illusion eines lodernden Feuers hervorzurufen.* Die Einheit der Öffentlichkeit verdankt sich heute einzig und allein der Technik der Massenmedien. Bei Lichte besehen ist der einzelne ein Zuschauer und Zuhörer ständig wechselnder medientechnischer Inszenierungen. Öffentlichkeit nennt man die Schnittmenge ständig sich wandelnder Auditorien, an die sich die politischen Inszenierungen mit ihrer Fabrikation des „volonté générale" richten.

Wenn es überhaupt einmal jene bürgerliche Öffentlichkeit mit dem Anspruch gesellschaftlicher Allgemeinheit gab, so ist sie unter Bedingungen des neuen Medienverbunds längst in *kulturelle Kasten* zerfallen. Das ermöglicht ein Parallelprozessieren von Hochkultur, Popkultur und Unterhaltung. Die Hochkultur hält sich dabei durch eine geschickte Ausbeutung unseres schlechten Gewissens am Leben. Hochkultur ist das, was uns eigentlich interessieren sollte. Und als eine Art Ablaß für die Sünden der Trivialität zahlen wir dann gerne die Steuern, mit denen die Schillertheater und Goethe-Institute dieser Welt subventioniert werden.

Das Internet ist heute die technische Infrastruktur der Weltkommunikation. Sie bringt eine verborgene Paradoxie jener bürgerlichen Öffentlichkeit ans Licht. „Öffentlich" heißt ja: gespeichert + zugänglich. Öffentlichkeit steht für freien Zugang zur Information – aber eben auch für Datenschutz als Bedingung des Vertrauens in die Weltkommunikation. Man kann diese Grundparadoxie, deren Auflösung man heute vom Recht erwartet, noch schärfer formulieren: Die freie Gesellschaft schließt absolute Informationsfreiheit aus – keine Politik ohne Top Secret, kein Unternehmen ohne Betriebsgeheimnis, keine menschliche Existenz ohne Privatsphäre. Und das bedeutet im Blick auf jene technische Infrastruktur: Je mehr das Internet leisten soll, desto mehr Kommunikationsschranken müssen eingebaut werden. Die für das Internet spezifische Variante dieses Problems sieht so aus: Bei Netzwerken geht es nicht um Besitz, sondern um Zugang. Und die große Frage lautet: Darf es Filter beim Zugang geben? Man muß auf den Zugang zum Netz vertrauen können. Für eine demokratische Politik bedeutet dies, daß der Zugang frei und gleich sein muß. Für eine kapitalistische Wirtschaft gilt aber etwas ganz anderes. Im Internet entsteht Profit durch die Kontrolle des Zugangs. Der Käufer wird Nutzer. Öffentlichkeit erscheint aus dieser Perspektive nur noch als der Markt, auf dem Informationen und Meinungen gehandelt werden. Ein Grundelement der Medienwirklichkeit ist deshalb das, was Georges Roques „image phatique" genannt hat: ein Bild, das nicht die Funktion hat, Bedeutung zu übermitteln, sondern den Kontakt zum Konsumenten zu stabilisieren. Auf diesen Sachverhalt zielt auch Paul Virilios Begriff des öffentlichen Bildes, *das heute den öffentlichen Raum abgelöst hat, in dem früher die soziale Kommunikation stattfand; Straßen und öffentliche Plätze sind nun von Bildschirm und elektronischer Anzeige überholt.*

***

Nietzsche hat einmal gesagt, der große Mensch sei *ohne Furcht vor der „Meinung".* Und das heißt eben auch umgekehrt, daß massendemokratische Gesellschaften, die große Menschen ja nicht mehr kennen, durch die Furcht vor der Meinung der anderen zusammengehalten werden. Je weniger sich die Meinungen der einzelnen in der massendemokratischen Öffentlichkeit zur Geltung bringen können, desto stärker wird der Druck der öffentlichen Meinung auf den einzelnen und sein Meinen. Man könnte auch sagen: Die öffentliche Meinung zähmt das Meinen.

Niemand hat das früher und klarer erkannt als Alexis de Tocqueville. Was er an der Demokratie Amerikas beobachtet hat, ist heute aktueller denn je: Vormodern konnten sich die

Menschen am ungeschriebenen Gesetz der Sitte, am Gesetz
Gottes oder doch wenigstens am Gesetz des Staates orientieren. Diese Traditionswerte zerbrechen in der modernen Welt
und werden durch öffentliche Meinung ersetzt. Zugleich
schwindet die Orientierungskraft des guten Geschmacks; auch
er wird in der Massendemokratie durch die öffentliche Meinung ersetzt. Die in der modernen Welt unabweisbare Forderung der Gleichheit führt zu einem Autoritätsverlust, den jeder einzelne als Orientierungslosigkeit erfährt; und deshalb ergibt sich der Massendemokrat widerstandslos der Tyrannei der
öffentlichen Meinung. In den unüberbietbar klaren Worten
Tocquevilles: *solange die Mehrheit ungewiß ist, redet man; hat sie aber
unwiderruflich gesprochen, verstummt jeder.*

Auf die Frage, ob das, was unwiderruflich als Mehrheit
spricht, auch die Mehrheit ist, kommen wir gleich zurück. Zunächst aber gilt es festzuhalten, daß die moderne Gesellschaft,
indem sie kommuniziert, immer auch Schweigen produziert;
sie schließt aus, was nicht anschlußfähig ist. Dem psychologi-
schen Begriff der Verdrängung entspricht der bedeutsame soziologische Begriff der Schweigespirale. Alexis de Tocqueville
hat den Sachverhalt schon 1835 entdeckt; Elisabeth Noelle-
Neumann hat den Begriff dann kommunikationswissenschaft-
lich ausgearbeitet.

Wir nähern uns diesem Begriff über einen Umweg, nämlich
über das Konzept der „pluralistic ignorance": Ich verstehe
nicht, was los ist, nehme aber an, daß alle anderen verstehen,
was los ist. Seit den Untersuchungen von Latané und Darley
diskutiert man unter dem Titel „pluralistic ignorance" die
Möglichkeit, daß sich die meisten Menschen in ihrem Urteil
über die Meinung der meisten Menschen irren. Dieser Irrtum
potenziert sich dann in der öffentlichen Meinung über die öffentliche Meinung.

Wenn sich aber die Mehrheit über die Mehrheit täuscht,
muß dem eine Angstdynamik zugrunde liegen, die so alt ist wie
die Demokratie: die Angst, von der Mehrheit geächtet zu werden. Elisabeth Noelle-Neumann hat ihr Lebenswerk diesem
Syndrom gewidmet, und daß ihr präziser Begriff der Schweigespirale hierzulande immer noch nicht als Grundbegriff der

Medienwissenschaft anerkannt worden ist, scheint ihre Theorie zu bestätigen: Die Theorie der Schweigespirale wurde selbst ein Opfer der Schweigespirale. Die Ausgangsüberlegungen sind wohl unstrittig. Man glaubt, was andere glauben, weil sie es glauben. Und wer zu einem Thema bisher eine andere Meinung hatte, kann sie ohne Gesichtsverlust ändern, wenn und solange er anonym bleibt, also schweigt. Aus Angst vor Isolation beobachtet man ständig die öffentliche Meinung. Und öffentlich heißt eben genau die Meinung, die man ohne Isolationsangst aussprechen kann. Man beobachtet also ständig, wie die anderen die Welt beobachten, und dadurch wird in jedem von uns ein quasi-statistischer Sinn trainiert, mit dem man Beobachtungen über die Meinung der anderen anstellen kann: Was man so sagt.

Doch was man sagt, ist in Demokratien zumeist die Meinung gut artikulierter Minderheiten. In der Mediendemokratie werden die Menschen durch eine Sprache versklavt, die als die unwiderrufliche der Mehrheit auftritt. Deshalb kann man vermuten, daß die öffentliche Meinung nicht der Majorität, sondern der Orthodoxie – die heute Political Correctness heißt – zum Ausdruck verhilft.

Hier stoßen wir auf die zentrale Paradoxie der Demokratie: Je freier die Menschen, desto versklavter durch die öffentliche Meinung. Das hat wohl Martin Heidegger dazu inspiriert, der Eigentlichkeit des Herrn die Anonymität des Man gegenüberzustellen. Der Herr ist natürlich jener große Mensch Nietzsches, der ohne Furcht vor der Meinung ist. Das Man dagegen ist der quasi-statistische Sinn, mit dem man (man!) Beobachtungen über die Meinung der anderen anstellt.

Die öffentliche Meinung verbreitet aber nicht nur Meinungen, sondern auch Skripts, Drehbücher. Und vor allem imprägniert sie uns mit ihrem zweiwertigen Code: dafür-/dagegensein. Wer nicht gegen Präimplantationsdiagnostik oder Studiengebühren ist, ist dafür – und exponiert sich. Und genau hier schlägt die Freiheit in Sklaverei um. Aus Angst davor, sich mit der eigenen Meinung zu isolieren, beobachtet man ständig die öffentliche. Gerade für die moderne Gesellschaft gilt also Nietzsches Satz: *die Meisten werden nur gewollt.*

Es ist heute wohl unstrittig, daß öffentliche Meinung veröffentlichte Meinung ist. Und diese operiert als Versklavung der je eigenen. Die privilegierten Illusionen der Intellektuellen funktionieren dabei als Ordner. Daß das so reibungslos funktioniert, läßt sich nun sehr gut mit Noelle-Neumanns Theorie der Schweigespirale erklären: Aus Angst vor Isolation beobachtet man ständig die Meinung der Starintellektuellen. Dabei ist entscheidend, daß die Masse zumeist das kritische Urteil der Intellektuellen über die Masse teilt: Die anderen sind so! Erst das macht die Schweigespirale unentrinnbar. Edgar Gärtner resümiert: *Die Meinung einer selbstbewußten gesellschaftlichen Minderheit wird im Zeitalter der Massenmedien zur allein herrschenden Meinung, weil Andersdenkende mit gesellschaftlicher Isolation bestraft werden.* Martin Walser spricht gar von Meinungssoldaten, die *mit vorgehaltener Moralpistole den Schriftsteller in den Meinungsdienst nötigen.*

Öffentliche Meinung ist also nicht das, was die Leute meinen, sondern das, was die Leute meinen was die Leute meinen. Die Massenmedien prägen dann Formen in dieses Medium ein, nämlich Themen. Das Dafür- oder Dagegensein ist jedem im genau vorgegebenen Rahmen freigestellt – nicht aber die Anerkennung des Themas als Thema. Das Thema des Tages anzusagen, also Agenda Setting ist für die gesellschaftliche Funktion der Massenmedien sehr viel wichtiger als blanke Meinungsmache. Daß Massenmedien die öffentliche Meinung manipulieren, ist eher selbst ein Schema der öffentlichen Meinung. Was sie den Zuschauerbewußtseinen einprägen, sind weniger Meinungen als Schemata und Drehbücher.

Wenn man also sagt, daß die öffentliche Meinung die Versklavung der eigenen Meinung darstellt, dann muß das nicht heißen, daß ich die Meinung der anderen übernehme; aber ich übernehme den Themenrahmen der Öffentlichkeit. Wie gesagt: Massenmedien setzen nicht primär Meinungen durch, sondern Themen. Und mit diesen Themen, zu denen man sehr unterschiedliche Meinungen vertreten kann – aber eben: zu diesen Themen! –, orientiert man sich dann in der Welt. Es geht in der Medienwirklichkeit also nicht um Konsens, sondern um Themenstabilität, Agenda Setting. Wenn Allan

Bloom das Fernsehen als *consensus monster* bezeichnet, dann bedeutet das eben nicht, daß das Fernsehen Meinungen durchsetzen würde, sondern Schemata der Wahrnehmung und „wichtige" Themen.

Die öffentliche Meinung ist ein Kommunikationssystem, das von der Unterstellung lebt, daß man nicht zugeben kann, von bestimmten Themen keine Ahnung zu haben. Dieses System in Schwung zu halten ist eine der wichtigsten gesellschaftlichen Funktionen der Massenmedien. Das setzt aber eine starke und so in kaum einer anderen Berufsgruppe anzutreffende *Koorientierung im Journalismus* voraus; d.h. Journalisten interessieren sich vor allem für das, was andere Journalisten schreiben.

Journalisten beobachten Journalisten, Politiker beobachten Politiker. Und die öffentliche Meinung ist das Medium, in dem sich diese Beobachtungsverhältnisse verschränken. Um Themen am Leben zu halten, brauchen die Massenmedien ja den Konflikt der Meinungen. Und so arbeiten die Politiker und Journalisten in den Talkshows und Wahlkampfsendungen gemeinsam daran, die Meinungen zu polarisieren. Doch wie jeder erfahrene Zuschauer weiß: Die Kämpfe und Debatten werden nur zur Schau gestellt; wenn die Kameras abgeschaltet sind, klopft man sich auf die Schultern.

Gerade auch die Politik beobachtet die Welt mit Hilfe der öffentlichen Meinung. Diese manifestiert also nicht den Bürgerwillen, sondern bildet das Medium der politischen Parteienkonkurrenz. Demokratie, das hat Joseph A. Schumpeter schon vor über 60 Jahren klar gezeigt, ist die Herrschaft des Politikers. Und dieser berufsmäßige Politiker muß als Virtuose der *Inszenierung politischer Schaustellungen* verstanden werden. Der Wille des Volkes und die öffentliche Meinung sind also nicht die treibenden Kräfte des politischen Prozesses, sondern dessen Produkte.

Die beflissensten Apologeten der öffentlichen Meinung sind deshalb die in den Massenmedien als Stars sich präsentierenden Politiker. Wenn sie vor laufenden Kameras ihres Amtes walten, entfaltet der Fetisch Öffentlichkeit erst seinen eigentlichen Zauber. So ermöglicht es die öffentliche Meinung

den Politikern, einen Blindflug durch die Welt zu starten. Sie
haben keinen Kontakt zur Basis – und können ihn gar nicht
haben. Statt dessen lesen sie den Spiegel und die Bild-Zeitung.
Das ist die politische Reduktion von Komplexität: Statt die
Welt zu beobachten, beobachten Politiker, wie sie von den
Massenmedien beobachtet werden. Vielfach reagiert Politik
nur noch auf ihre eigene Übertragung in den Medien.
Die Regierung kann der öffentlichen Meinung nicht folgen,
ihr aber auch nicht entkommen. Deshalb müssen die herrschenden Parteien dafür sorgen, daß die öffentliche Meinung
der Regierung folgt. Das ist möglich, weil es auf der Ebene der
einzelnen Meinungen einen wachsenden Orientierungsbedarf
gibt, den man sich allerdings nur ungern eingesteht. Es fällt
schwer, zu akzeptieren, daß man unfähig ist, eine eigene Meinung zu haben. Und deshalb ist man anfällig für Propaganda –
die Meinung als Ready-Made. Dieser Propagandabegriff meint
nicht Gehirnwäsche und Zensur. Moderne Regierungen zen-
sieren nicht, sondern kontern Fakten mit Fakten. Propaganda
ist die Betäubung, die es ermöglicht, daß politische Operationen durchgeführt werden können – man könnte von Informa-
tionshypnose sprechen.
Schon zu Zeiten der Weimarer Republik hatte Carl Schmitt
das demokratische Grundproblem erkannt: Repräsentation.
Aber es scheint unlösbar. Statt auf Repräsentation setzt die
moderne Massendemokratie längst schon auf Legitimation
durch Popularität. In der Zeit der Aufklärung war der Staat
Erzieher; heute ist der Staat Verführer: Designer der Gefühle,
Hauptkunde der Marktforschung und eben Warenanbieter auf
dem Markt der öffentlichen Meinung.
Die in diesem Zusammenhang besonders beliebten Talkshows und TV-Duelle sind Unterhaltungssendungen, in denen
die Medien und die Politik sich gegenseitig inszenieren – um-
rahmt von Demoskopen und Experten, die in anschließenden
Sendungen über die Sendung sicherstellen, was eigentlich zu
hören und zu sehen war. Daraus kann man nicht nur lernen,
daß Politik ein Teil der Unterhaltungsindustrie geworden ist,
sondern auch, daß der Kern der Massendemokratie die Demoskopie ist. In dieser Form herrscht das Volk über seine po-

litischen Führer. Demoskopie hilft den Leuten, ihre Wahl zu treffen, denn dazu müssen sie wissen, wie die anderen wählen; und sie hilft den Politikern, sich im Wahlkampf zu profilieren, denn dazu müssen sie wissen, was die Leute hören möchten. Die Bedeutsamkeit der Demoskopie für die Demokratie erklärt sich zum einen sozialpsychologisch aus der Befriedigung, befragt zu werden, zum andern aus der Selbstbezüglichkeit der Meinungsumfragen. Das Daß der Befragung ist wichtiger als das Was. Meinungsumfragen produzieren Bedeutsamkeit für Themen, und der Befragte schließt vom Faktum der Befragung auf die Bedeutsamkeit des Themas. So werden die Wähler schließlich zu Zuschauern ihres eigenen vorausgesagten Verhaltens.

9. Politik im Zeitalter ihrer technischen Reproduzierbarkeit

Jede Demokratie organisiert die Beteiligung der Vielen. Das setzt aber, da Demokratie ja die Herrschaft der Politiker ist, ein Interesse für deren Entscheidungen voraus. Und das setzt wiederum voraus, daß es Meinungen gibt. Die werden aber erst von den Massenmedien produziert. Sie stabilisieren die Nachfrage nach der Ware Meinung.

Unterm Beschleunigungsdruck der Massenmedien gilt auch politisch: Geschwindigkeit zählt mehr als Argumente. Deshalb wirken Inhalte und Programme immer mehr als störende Trägheitsmomente. An die Stelle von Argumenten treten deshalb in den Massenmedien Formeln, mit denen man ein Thema besetzt. Die provozieren dann Gegenformeln, und damit haben wir ein Differenzschema zur Weltwahrnehmung. Hinter der Lust am Streit steckt also auch das Bedürfnis, die Welt durch Meinungsunterschiede klar zu ordnen. Das Angebot einer politischen Partei besteht genau in diesem Sinne aus einem Set von Meinungen.

Auch hier zeigt sich, wie gut das politische System und das System der Massenmedien aufeinander abgestimmt sind. Die Massenmedien sagen Themen an, um Meinungen streiten zu lassen. Sie erfinden also nicht die Themen, aber sie bestimmen ihre Karriere; sie setzen sie durch. Die Politik fackelt Themen ab, um Meinungen festzulegen. Man will schließlich Wahlen gewinnen.

Früher hing die Macht am Geheimnis – heute wird die Politik durch die Stellung vor den Medien bestimmt. Der Politiker als Medienstar ersetzt den charismatischen Führer. Politiker waren ja immer schon Selbstdarsteller – jetzt sind sie es in der

Tat als Filmschauspieler. Politiker stellen sich nicht mehr nur im Parlament, sondern vor allem in den Medien dar. Damit tritt das elektronische Image an die Stelle politischen Handelns. Erfolgreiche Politiker sind im Grunde gar keine Amtsträger mehr, sondern Stars im Sinne der Unterhaltungsindustrie. Man könnte das Politainment nennen: das Politische als Einheit von Nachricht, Werbung und Unterhaltung.

Das Parlament ist also nicht mehr das entscheidende Publikum für die Selbstdarstellung des Spitzenpolitikers. Der Kritiker Walter Benjamin hatte das schon in den 30er Jahren erkannt: Moderne Politik stellt sich vor der Kamera dar, nicht im Parlament. Mit anderen Worten, das Fernsehen hat das Parlament ersetzt. Und damit tritt an die Stelle der politischen Repräsentation die medienästhetische Präsentation. Das Fernsehpublikum wird nicht mehr einfach nur „angesprochen", sondern von den Medienmanagern vor den Schirmen „versammelt".

Die elektronischen Aufnahmeapparaturen dringen dabei so tief in die Wirklichkeit ein, daß die gesendeten Bilder die Spur des Mediums wie eine Art elektronisches Wasserzeichen tragen. Das hat schon Herbert Marshall McLuhan klar gesehen: Das Medium ist die Botschaft. Man schaue sich nur eine beliebige Nachrichtensendung aus Berlin oder Washington an. Der eigentliche politische Vorgang wird von den Installationen der Massenmedien völlig überlagert. Auch der kürzeste Weg eines Politikers ist mit Interviews und Statements gepflastert. Da kann man gar nicht mehr von einer Störung sprechen.

Walter Benjamins Fazit lautete damals: *Das ergibt eine neue Auslese, eine Auslese vor der Apparatur, aus der der Star und der Diktator als Sieger hervorgehen.* Natürlich ist der Politiker, der als Sieger aus diesem mediendarwinistischen Wettbewerb hervorgeht, heute kein Diktator mehr. Es genügt, den Zirkel der Dominanz zu durchlaufen: Wer dominiert, kann den Eindruck erwecken, kraftvoll zu handeln. Wer den Eindruck erweckt, kraftvoll zu handeln, fasziniert die Aufmerksamkeit. Wer die Aufmerksamkeit fasziniert, sichert damit seine Dominanz.

Mediendemokratie heißt eben auch Mediendarwinismus. Alles läuft auf den Star und die Mitte hinaus. Als Mann der

Mitte zeigt sich der Star marktgerecht. Einfachste Mathematik genügt, um zu verstehen, daß die Aufgabe der Stimmenmaximierung die Wettbewerber dazu zwingt, auf der Rechts-Links-Achse jeweils in die Mitte zu gehen. Die Mitte ist das Unbestimmte, in dem sich alle treffen können. Sie ist das Medium, in das man immer wieder neue Formen und alte Werte eindrücken kann – wie mit Förmchen im Sandkasten. Doch die Mitte ist langweilig; deshalb muß man sie künstlich polarisieren. Mit anderen Worten: Die politischen Differenzen minimieren sich beim Kampf um die Mitte; deshalb müssen die rhetorischen Differenzen maximiert werden.

Dieser Mediendarwinismus hat seine sichtbarsten Spuren in der Politik hinterlassen. Wir sagten ja schon: Politiker stellen sich nicht mehr im Parlament, sondern in den Medien dar; sie sind Stars im Sinne der Unterhaltungsindustrie. Das zeigt die Geschichte des Wahlkampfs von den Fernsehauftritten Kennedys bis zum Politshowstar Gerhard Schröder: Das Schicksal der Politiker liegt seither in den Händen der Mediendesigner. Sie präsentieren den Politiker als Markenartikel. Menschen in Medienstars zu verwandeln wird zum Geheimnis erfolgreicher Parteipolitik.

Der Star der modernen Medienwirklichkeit ist also kein Diktator, sondern ein Moderator. Die Zeit der Zuchtmeister ist vorbei; der Moderator kann und will kein Machtwort mehr sprechen. Statt dessen „reden wir miteinander" – Gewerkschaftsfunktionäre und Unternehmer, Traditionalisten und Modernisierer. Diese Aufhebung der Politik in der Rhetorik des runden Tisches und der „Bündnisse für …", diese konsequente Verwandlung von Richtlinienkompetenz in Medienkompetenz muß jeden irritieren, der von Politikern noch Visionen, klare Positionen und eingreifendes Handeln erwartet.

Den Politikern stellt sich in der modernen Gesellschaft die Doppelaufgabe, in den Gremien zu entscheiden und vor der Kamera zu werben. Es ist seither zur Selbstverständlichkeit geworden, daß wir in einer Mediendemokratie leben. Doch was soll der Begriff eigentlich besagen? Mediendemokratie heißt, daß sich die politische Öffentlichkeit an den Darstellungsprinzipien der Massenmedien ausrichtet. Politisch wirklich ist nur das, was fotografierbar und erzählbar ist. Für „human interest" ist aber erst dann gesorgt, wenn alle Probleme personalisiert sind. Schließlich muß man für Aufmerksamkeit und Fortsetzbarkeit sorgen, indem man der Story Konfliktform gibt. Das sind die formalen Bedingungen dafür, daß Politik als gute Unterhaltung verkauft werden kann.

Seit Lenin und Hitler wurde Ideologie durch Propaganda ersetzt. Und heute wird Propaganda durch ein Branding der Politik ersetzt. Genau das meinen Politiker und Parteien nämlich, wenn sie davon sprechen, es gehe darum, Themen zu besetzen und einen Set von Glaubensüberzeugungen anzubieten. Der permanente Wahlkampf ist Werbung, deren Rhetorik uns den Zeitaufwand politischer Information erspart. Und jeder Bürger weiß, daß es sich nicht lohnt, viel Zeit in politische Information zu investieren – denn man hat ja nur eine Stimme.

Das Branding der Politik senkt die Transaktionskosten der Wähler, also die hohen Kosten der Informationsbeschaffung. So existieren die Parteien im öffentlichen Bewußtsein als Markennamen. Und in den Talkshows treten die Politiker als Markenartikel auf. Politik ist heute also sehr wesentlich Public Relations ihrer selbst. Im historischen Vergleich kann man dieses politische Marketing wohl noch am ehesten als eine Form plebiszitärer Demokratie begreifen.

Da die Bürger keine Metakompetenz haben, um die Kompetenz der konkurrierenden Politiker zu beurteilen, bleibt ihnen nur das ästhetische Urteil. In den letzten Jahren haben sich die politischen Parteien darauf eingestellt und konzentrieren ihre Anstrengungen nicht mehr auf Programme, sondern auf das politische Design. Diese konsequente Medieninszenierung von Politik hat eine besonders schwerwiegende Folge: Die Zuschauer der Talkshows und TV-Duelle erwarten keine Programmatik, sondern Performance. Deshalb werden Medienberater, Marketingexperten und Spin Doctors immer wichtiger. Sie behandeln den Politiker wie das Produkt einer Firma, die den Kunden mit einer Kultmarke faszinieren will.

In den Talkshows und TV-Duellen vollendet sich die Ästhetisierung der Politik. Hier machen sich Unterhaltungsmedien und politische Werbeagenturen die sozialpsychologische

Erkenntnis zunutze, daß das, was jemand sagt, fast keinen Einfluß auf seine Wirkung hat. Es kommt nur auf das Wie an. So entfaltet sich eine Politik ohne Botschaft. Daß es dabei nicht zum Argument und zur Diskussion kommt, wird durch Ritualisierung sichergestellt. Es steht vorher schon fest, wer auf welche Fragen antwortet. Das Parlament ist für solche Inszenierungen denkbar ungeeignet. Das politische Design braucht Formate, die weniger störanfällig sind: Hof-Interviews, das Ritual der Elefantenrunde, Talkshows. Wer hier auftritt, ist ein Star. Wie Schauspieler und Sportler sind auch die Politiker der Talkshows und Fernsehdiskussionen *celebrity brands*. Es hat deshalb einen guten Sinn, daß Meinungsforschungsinstitute nicht nur die Beliebtheit, sondern auch den Bekanntheitsgrad von Politikern veröffentlichen.

Berühmt sind Politiker, von denen bekannt ist, daß sie sehr bekannt sind. Heilige Monster hat Jean Cocteau die „celebrities" einmal genannt. Wie die griechischen Götter sind auch diese Berühmtheiten nicht anders als wir, aber reicher, beweglicher, mobiler. Und das Fernsehen und die Print-Medien lassen uns am politischen Genießen teilhaben.

Das Leben dieser Berühmtheiten hat Bret Easton Ellis einmal als *life lived in code* charakterisiert – man muß ständig dechiffrieren, was die Leute von einem erwarten. Menschen interessieren sich eben für Menschen, d.h. für Geschichten – nicht für das politische System und seine Entscheidungssequenzen. Deshalb gestalten die Mediendesigner politische Kommunikation heute als Einheit von Nachricht, Werbung und Unterhaltung. Im Politainment genießen die Zuschauer und Leser dann die Intimität mit den Mächtigen und gönnen sich die Illusion der Zukunftsschau.

Fernsehen bietet uns das Schauspiel der politischen Menschen, deren Handeln uns alle betrifft und zu Betroffenen macht. *Alle Zurechnung läuft auf ein künstliches Zurechtstutzen von Kausalannahmen hinaus*, bemerkt der Soziologe Niklas Luhmann kritisch. Aber wie könnte es anders sein? Je unübersichtlicher und komplexer die Welt wird, desto wichtiger werden Vereinfachungen.

Unter modernen Medienbedingungen muß die Politik alle Probleme personalisieren. Die Akteure der Mediendemokratie sind deshalb durchaus abzählbar. Die Stars der politischen Bühne ersparen uns dann Investitionen in Kompetenz und Urteilskraft. Hinzu kommen aber auch sachliche Gründe. Auch der wohl unstrittige Sachverhalt, daß heute alle Parteien die gleichen Ziele verfolgen, macht eine radikale Personalisierung der Politik unvermeidlich.

Formelhaft gesagt: Genau in dem Maße, in dem wir Komplexität durch Vertrauen reduzieren, muß die Politik personalisiert werden. Die Personalisierung der Politik ist der Ausweg aus der Inkompetenz; das Urteil über Personen ersetzt das Urteil über Sachfragen. Möglich wird das durch die Perspektivendifferenz von Handeln und Zuschauen: Das eigene Verhalten rechnet man ganz selbstverständlich den Umständen zu. Die Handlungen anderer dagegen rechnet man den Akteuren zu.

Indem die Mediendemokratie alle Probleme personalisiert, ermöglicht sie dem Publikum die freie Verteilung von Gefühlen und Sympathiewerten. Dabei ist es immer wieder faszinierend zu sehen, wie diese Sympathiewerte völlig losgelöst von Parteipolitik und Programmatik verteilt werden. Gegen die Macht der Unterscheidung Sympathie/Antipathie kommt man mit Sachfragen der Politik nicht an.

Das Spitzenprodukt des Mediendarwinismus und damit der Reduktion von politischer Komplexität ist deshalb das Fernsehduell zwischen Amtsinhaber und Herausforderer. Nixon gegen Kennedy – das war die Urszene der TV-Duelle. Der Sieg Kennedys markiert den Übergang von der parlamentarischen zur Mediendemokratie. Seither wird Politik auf dem Markt der Gefühle verkauft.

In der Mediendemokratie werden politische Probleme also nicht durchdacht, sondern gefühlt. Und das erreicht man am einfachsten durch die Moralisierung eines Problems. Sie ermöglicht auch denen, die von der Sache nichts verstehen, an der Diskussion teilzunehmen. Sie haben es dann mit Menschen und Geschichten, statt nur mit Ideen und Programmen zu tun.

Deshalb müssen wir lernen, mit politischer Kurzsichtigkeit

zu leben. Denn Macht kann man in Massendemokratien, d. h.
Mediendemokratien nur erhalten, wenn man jede Entscheidung mit den Emotionen der Bürger abstimmt. Diese Abstim-
mung findet tagtäglich in den Medien statt. Täglich gibt es
neue Ideen, die in der Medienwirklichkeit überleben – oder
eben nicht. Der politische Bürger befindet sich also genau in
der gleichen Situation wie der Fernsehkonsument; er bekommt Programm-Angebote und kann darüber abstimmen.
Auch Politik in Massendemokratien ist „multiple choice". Wir
müssen also keine „republikanischen" Anstrengungen auf uns
nehmen und uns mit substantiellen Diskussionsbeiträgen an
der Politik beteiligen. Es genügt, Frau Merkel gut zu finden
oder Stoiber schlecht. Peer Steinbrück – „dieser Politiker ist
mir unbekannt".

Die Talkshow ersetzt heute das räsonnierende Publikum;
man läßt diskutieren. Talk ist das Medium, in dem politisches
Vertrauen dort aufgebaut wird, wo mehr Information nur zu
mehr Konfusion führen würde. Und gleichzeitig macht Talk
immun gegen alles, was nicht auf der Agenda steht. Politischer
Talk ist das emotionale Management dessen, was man faktisch
nicht managen kann.

In aller wünschenswerten Deutlichkeit haben Politik und
Medien die Talkshow und das TV-Duell als Rituale inszeniert.
Die strengen Regeln des „turn taking" und die zeremonielle
Zeitökonomie sind nicht lästiges Beiwerk, sondern die Sache
selbst. In diesem Rahmen fungieren Themen und Probleme
lediglich als Anlaß für die Selbstdarstellung der Politiker. Ar-
beitslosigkeit, Konjunkturschwäche, Bildungskatastrophe –
darüber kann man nur reden.

Wer hier erfolgreich auftreten will, muß die Imperative der
Massenmedien befolgen, also auf Argumente und Kontexte
verzichten. Das läuft auf eine Rhetorik der Statements hinaus,
die für Spitzenpolitiker charakteristisch ist. Politiker sind die
Leute, die antworten müssen, auch wenn es keine Antworten
gibt, und die antworten wollen, auch wenn es gar keine Fragen
gibt. Zum *impression management* des Politikers gehört deshalb
eine Form von Journalismus, die man Soft-Interview nennen
könnte: Wer hat die Fragen zu meinen Antworten? Zwei Dut-

zend Spitzenpolitiker und eine Handvoll Gefälligkeits-
wissenschaftler genügen im wesentlichen, um nach dem Kom-
munikationsgesetz von Varietät und Redundanz das Karusell
der Talkshows in Gang zu halten.

***

Talkshow heißt also: Man läßt diskutieren. Doch kann man
heute auch einen wachsenden Wunsch der Bürger nach politischer Partizipation beobachten. Formen direkter Demokratie
werden wieder attraktiv. Das ist natürlich nur mit den Medien
und in den Medien möglich. Man denke nur an die wachsende
Bedeutung der Meinungsumfragen, die mittlerweile den Rahmen für alle politischen Entscheidungen abgeben.
    Natürlich hat dieses Mehr an Unmittelbarkeit seinen Preis.
Besonnenheit und Geschmack haben in unserer Kultur kaum
mehr eine Chance. Doch ist das ein Grund für Kulturkritik?
Auch wenn es weh tut: Wir müssen lernen, mit Geschmacklo-
sigkeiten zu leben. Denn Geschmack diskriminiert – und das
ist in Massendemokratien unerträglich. Deshalb haben demokratische Kulturen den Geschmack durch die öffentliche Meinung ersetzt, die von den Medien inszeniert wird.
    Doch spätestens hier, bei der Frage nach der zivilgesell-
schaftlichen Partizipation der Bürger in den Medien und durch
die Medien, heißt Medium nicht mehr in erster Linie Massen-
medium. Der Wunsch nach mehr direkter Demokratie wendet
sich denn auch vor allem an die Welt des Digitalen. Man kann
deshalb vermuten, daß wir wieder vor einem Wechsel des Leit-
mediums der Politik stehen. Roosevelt war der erste Radio-
Präsident, Kennedy war der erste Fernseh-Präsident. Wer wird
der erste Internet-Präsident?
    Die Bürger der digitalen Welt sind jung, gebildet, ehrgeizig;
sie arbeiten in den Universitäten, Telekommunikationsgesell-
schaften, Medienhäusern und Banken; sie sind tolerant, ver-
nünftig, medienkompetent und – nein, nicht unpolitisch, sondern „postpolitisch". Diese Netzbürger haben nur eine Lei-
denschaft: den freien Fluß der Information. Jeder soll sprechen und gehört werden können.

Doch das ist zu schön, um wahr zu sein. Gesellschaft an sich schließt nämlich absolute Informationsfreiheit aus – man denke nur ans Top Secret von Militär und Politik, ans wirtschaftliche Betriebsgeheimnis und Copyright, aber auch an die nur durch Verschlüsselungsfreiheit garantierte Privatsphäre. Privatheit ist ja die Negation des Grundprinzips der Netzwerke: linking. Deshalb wird der Anspruch auf Privatsphäre immer teurer. Deshalb geht der Schutz der Privatsphäre vom Staat auf den Markt über. Und deshalb wird es immer Firewalls, Gateways, Zugangsbeschränkungen und geheime Informationen geben. Aber sie verdecken ein prinzipielles Problem. Beim Copyright der Originalität, bei Urheberrechten und Patenten geht es um die Frage, wie Information vor nichtautorisierter Benutzung bewahrt wird. Diese unserer Kultur ganz selbstverständlich gewordene Konzeption ist durch die Digitaltechnologien im Innersten erschüttert worden. Was soll das Copyright angesichts einer Informationstechnolgie, zu deren Standard der Copy-Befehl gehört? Wie will man Originale schützen, wenn es nichts einfacheres gibt, als Kopien herzustellen? Ja, macht der Begriff des Originals unter neuen Medienbedingungen überhaupt noch einen Sinn?

Oder kann es doch ein digitales Copyright geben? Das wäre möglich, wenn man alle Informationen und Daten so codieren würde, daß sie stets ihre Ursprungsadresse mit sich führen. Doch wie auch immer: Digitales Copyright kann nur heißen, daß man im Internet sein geistiges Eigentum nicht verkauft, sondern gegen Gebühr zur Verfügung stellt. Und dabei wird rasch eines deutlich werden: Bei allen Versuchen, aus Ideen Geld zu machen, ist Zeit der kritische Faktor. Informationen, die einen Zeitindex haben, kann man schlecht kopieren. Mit anderen Worten, nicht Informationen sind wertvoll, sondern Vorsprungsinformationen.

Die Frage des Zugangs zu den Schlüsselpunkten der Entscheidung erweist sich heute immer deutlicher als Frage nach dem Zugang zum Wissen. Die alte Formel „Wissen ist Macht" gewinnt in der Welt der neuen Medien eine ganz neue Konkretheit. Verteilung und Zugang zum Wissen sind die großen

Machtfragen des 21. Jahrhunderts. Politik kreist dann um Probleme des Datenschutzes, der Privatsphäre, des Geheimnisses und des freien öffentlichen Zugangs zu Daten.

Neben die sozialen Standards, die man Gesetze nennt, treten im Internet-Zeitalter zunehmend technische Standards, nämlich die Programm-Codes, die sich in der Hardware festsetzen und sich dann mit jedem verkauften Chip in der Welt verbreiten. Lawrence Lessig von der Harvard Law School meint gar, daß das Gesetz unwichtig wird und sich der eigentliche Ort der Regulierung in den Computer-Code verlagert.

Das gilt für Freund und Feind gleichermaßen. Die Spione der Zukunft arbeiten an Computerterminals, die Piraten des 21. Jahrhunderts navigieren in der virtuellen Realität der Software. Es ist deshalb klar, daß man die neue Politik der Wissenskontrolle nicht zentralisieren kann – sie bestimmt ja fast alle modernen Arbeitsplätze. Das bekommt schon heute jeder zu spüren, der in einem großen Computernetzwerk arbeitet. Hat man oberste Kommunikationspriorität, oder hängt man meist in der Warteschleife? Wer bekommt welche Informationen? Wer hat Zugang zu den Datenbanken, und wer darf dort neue Daten einschreiben? Und man könnte weiter fragen: Wem gehören die Daten? Wer designt die Software?

So beginnen heute einige, die alte Hobbessche Frage nach dem Kern des Politischen, Quis judicabit?, Wer entscheidet?, neu zu stellen – und zwar in der schon von Carl Schmitt präzisierten Fassung Quis interrogabit? *Das ist die Frage, wer die Frage stellt und den in sich entscheidungsfremden Apparat programmiert.*

10. Der Krieg als Vater aller Medien

Der Kunsthistoriker Aby Warburg hat seine große Studie über heidnisch-antike Weissagung in Wort und Bild zu Luthers Zeiten Aug' in Aug' mit dem Ersten Weltkrieg verfaßt. Sie berichtet über die Geburt der illustrierten Sensationspresse aus der Sündflutpanik von 1524. Die Angst vor der Sündflut provozierte eine Bilderflut astrologischer und monstrologischer Warnungsbilder, mit denen Pressepolitik getrieben wurde. Dabei wirkten die *Holzschnittillustrationen als mächtiges neues Agitationsmittel für die Bearbeitung der Ungelehrten.*

Deutlich wird Warburgs Darstellung jener *Zeit leidenschaftlicher Schlagbilderpolitik* als Palimpsest seiner Gegenwart lesbar, wo er von einem *Bilderpressefeldzug* spricht, der klar konturierte Feindbilder in ‚Extrablättern‘ von Naturgreuel und Monstruositäten aufgerichtet habe – Sensationspresse im Dienst der Tagespolitik. *War schon durch den Druck mit beweglichen Lettern der gelehrte Gedanke aviatisch geworden, so gewann jetzt durch die Bilderdruckkunst auch die bildliche Vorstellung, deren Sprache noch dazu international verständlich war, Schwingen und zwischen Norden und Süden jagten nun diese aufregenden ominösen Sturmvögel hin und her, während jede Partei versuchte, diese ‚Schlagbilder‘ [...] der kosmologischen Sensation in den Dienst ihrer Sache zu stellen.*

Warburgs These von der Geburt der Sensationspresse aus der Bilderagitation durch Holzschnittillustrationen, die dem Monströsen im ‚Extrablatt‘ einen tagespolitischen Index verliehen, gesteht also schon der Gutenberg-Technik der Luther-Zeit die Möglichkeit zu, die Walter Benjamin der Lithographie des 19. Jahrhunderts vorbehalten wollte: den Alltag mit graphischen Illustrationen zu begleiten. Das ist der Ausgangspunkt einer ungeheuren Beschleunigung bildlicher Reproduktion, einer totalen Mobilmachung der Bilder. Als Höhepunkt

dieses Prozesses hat Paul Virilio die von der Luftaufklärung im
Ersten Weltkrieg produzierte Bilderflut kenntlich gemacht.
Von der Geburt der Sensationspresse aus der Sündflutpanik
1524 bis zur Geburt des Dokumentierens aus der Kriegspho-
tographie von 1917 erstreckt sich die Epoche der Mobilmachung der Bilder.
Oberst Edward Steichen organisierte 1917 mit über 50 Of-
fizieren und über tausend Freiwilligen die photographische
Luftaufklärung in Frankreich. Hier kulminiert eine Bilderflut,
die der erste militärisch-industrielle Krieg provozierte. Sie bekundet, daß von nun an die Entscheidung über Sieg oder Niederlage von Statistik, Stochastik und Voraussagekraft abhängt.
Das Bild ist nicht mehr Einzelbild, sondern verschwindendes
Moment im Datenstrom. Diese Voraussagekraft ist meist
nichts als das Vermögen, die unzähligen Militärphotographien
richtig auszuwerten. Und im Krieg der Bilder schwindet die
Differenz zwischen heiß und kalt. Den neuen Krieg exekutie-
ren Datenprozesse und Bilderfluten.
Heute ermöglichen computergesteuerte Videokameras eine
automatisierte Wahrnehmung, ein blickloses Sehen, in dem die
Maschine selbst die Analyse des Realen leistet; die Systeme au-
tomatischer Überwachung machen den Menschen hinter der
Kamera überflüssig. Virilio spricht in diesem Zusammenhang
von permanentem Pan-Kino.
Die Geschichte des modernen Krieges fällt in vielem mit
der Geschichte der neuen Medien zusammen. Napoleons Gebrauch der optischen Telegraphie und die Entwicklung der
Armbanduhr zur Truppenkoordination im Burenkrieg sind
noch anekdotische, einfache Beispiele dafür. Manfred Schneider resümiert: *Es läßt sich ohne Mühe erkennen, wie die großen krie-
gerischen Ereignisse (d. h. die gewaltsamen Reorganisationen der politischen Räume) im Verlauf der alten und neuen Geschichte mit Destabi-
lisierungen der Zeit- und Ewigkeitsinstitutionen durch neue Kommuni-
kations- und Speichertechniken zusammenhängen: Die Errichtung des
römischen Reiches und der Papyrus, die Kreuzzüge und das Papier, der
Dreißigjährige Krieg und der Druck, die Revolutionskriege und die
neuen Schnelldruckverfahren, der Erste Weltkrieg und das Telefon, der
Zweite Weltkrieg und das Radio, der Vietnamkrieg und das Fernsehen.*

Als Endpunkt dieser Entwicklung wird heute die militärtechnische Einheit von Befehl, Kommunikation, Kontrolle und Wissen erkennbar.

Zwischen Napoleons Mediengenie und dem elektronischen Schlachtfeld liegt die Heraufkunft der Kybernetik. Ende des 19. Jahrhunderts spekulierte Elmer Sperry über Anwendungen des Foucaultschen Gyroskops in Kontrollgeräten. Und schon 1911 konnte die US Navy seinen Kreiselkompaß erfolgreich testen.

Im selben Jahr erfand Sperry einen mechanischen Analogrechner, der eine komplexe mathematische Gleichung implementierte, die eine automatische Korrektur des Kreiselkompasses ermöglicht. Fünf Jahre später entwickelte Sperry einen anderen Analogcomputer, der eine Simulation der Schiffsbewegung und der Bewegung des Angriffsziels ermöglichte. Norbert Wieners Kybernetik konnten dann sehr handfest auf Sperrys militärische Zielkontrollgeräte zurückgreifen.

Was Kriegswissenschaftler die Logistik der Wahrnehmung nennen, umfaßt auch die Manipulation der Datenprozesse als Waffe. Der Schutz Englands vor den deutschen Luftangriffen erforderte Flakgeschütze mit Flugzeugpeilung durch Radar oder Ultrakurzwellen. Die deutschen Flugzeuge waren so schnell, daß in das Flakrechengerät Kommunikationsfunktionen eingebaut werden mußten. Bei der Feuerleitung geht es also erstmals um Kommunikation, die an Maschinen und nicht an Menschen gerichtet ist.

Um hochbeschleunigte Ziele zu treffen, gilt es, den Irrtum zwischen der Position der Waffe und der antizipierten Position des Ziels zu minimieren. Dazu bedarf es einer vorlaufenden Rückkopplung: Weil die Geschwindigkeit des zu treffenden Flugzeugs einen bedeutsamen Teil der Geschwindigkeit des Projektils ausmacht, darf man nicht einfach das wahrgenommene Ziel visieren; man muß so feuern, daß Projektil und Ziel irgendwann in der Zukunft zusammentreffen. Also mußte man eine Methode entwickeln, die es erlaubt, die zukünftige Position des Flugzeugs vorherzusagen. *Dieser Apparat der Luftabwehr, ein perfektionierter Entfernungsmesser, diente dazu, die Flugbahnen des anvisierten Flugzeugs und eines Flakgeschosses in einem bestimmten Punkt und zu einem bestimmten Zeitpunkt sich schneiden zu lassen; das tödliche Resultat wurde dadurch erzielt, daß die Bilder beider Verläufe auf einem Bildschirm in Echtzeit sich stereoskopisch überlagerten.* So Paul Virilio.

Diese Steuerung durch Rückkopplung basiert auf statistischen Messungen der Feindflugbewegung, die mathematisch in Regeln der Geschützsteuerung transformiert werden. Das Flakgeschütz ist demnach ein Beobachter, der einen statistischen Bewegungsablauf registriert, eine lernfähige Maschine und ein Rechner, der durch Rückkopplung zum Programmwechsel fähig ist. Schon die ersten Flakgeschütze, die mit Scheinwerfern kombiniert sind, die den Himmel abtasten, machen deutlich, daß Waffen Medien und Medien Waffen sind. Albert Speers Lichtdom aus Flakscheinwerfern hat daraus nur die ästhetische Konsequenz gezogen. Die ersten Bildschirme waren Radarschirme, die den Luftweltkrieg überwachten und steuerten. Auch die Kathodenstrahlröhre des Vorkriegsfernsehens der BBC diente viel weniger der Zerstreuung der Briten als der Implementierung ihrer optischen Frühwarnsysteme. Und der nächste Rüstungs-Schritt bestand dann darin, die Überwachungs- und Steuerungssysteme in die Projektile selbst einzubauen. Klaus vom Bruch hat das sehr genau beschrieben: *1936 hatte die elektronische Kamera ihren ersten großen Auftritt bei den Olympischen Spielen in Berlin. Gegen Ende des Krieges wurde sie mit einer höheren Auflösung, sprich mehr Detailschärfe – nämlich 441 Zeilen – bei den Tests der V2-Raketen verwendet: Zuerst nur zur Beobachtung, um dann – in der Konsequenz – auch als Fernsehlenkkopf mitzufliegen.*

Enigma, das Rätsel, hieß die Maschine, die es dem deutschen Oberkommando im Zweiten Weltkrieg erlaubte, seine Befehle in hochkomplex codierter Form an seine Streitkräfte auszugeben. Enigma funktionierte wie eine automatische Schreibmaschine, die jede Tasteneingabe durch ein System hintereinandergeschalteter Rotoren transformierte. Um die Enigma zu knacken, reichte es nicht aus, zu wissen, wie sie konstruiert war. Um ihre Befehle zu dechiffrieren, mußte man ja ihren inneren Zustand kennen – scheinbar unmöglich bei einer Billion möglicher Konfigurationen im Rotorensystem.

Intelligente Menschen, die legendären polnischen Code-
knacker, waren daran gescheitert. Alan Turing kam auf die
Idee, diese Aufgabe einer intelligenten Maschine zu überant-
worten. Seine diskrete Denkmaschine war wie geschaffen für
die Dechiffrierung des Rätsels jenes deutschen Oberkomman-
dos. Sie löste es wie ein Physiker das Welträtsel: *Das System,
nach dem eine Botschaft entziffert wird, entspricht den Gesetzen des
Universums, die abgefangenen Nachrichten der erreichbaren Evidenz,
der für einen Tag oder eine Botschaft gültige Schlüssel wichtigen Kon-
stanten, die bestimmt werden müssen.*

Alan Turings Vergleich zwischen Physik und Kryptogra-
phie markiert eigentlich einen Paradigmenwechsel: Nicht
mehr Physik, sondern Informatik ist seit dem Zweiten Weltkrieg die militärische Grundwissenschaft. Unmittelbar nach
dem Zweiten Weltkrieg arbeitete der Computer ENIAC schon
an dem Auftrag des Pentagon, durch eine Auswertung der einzigen harten Ereignis-Daten, eben Hiroshima und Nagasaki,
die Effekte eines Nuklearkriegs zu kalkulieren. Das ist der
Ausgangspunkt militärischer Computersimulationen.
Seither bilden Militär, Informatik, Simulationstechnik und
Wahrscheinlichkeitskalkül einen unauflöslichen Zusammenhang, der noch die menschenfreundlichsten Software-Utopien
bestimmt. Hardware-Standards und Disc Operating Systems
knüpfen auch unsere harmlosen Aufsätze an jene Stunde der
Geburt des Computers aus dem Geist des Krieges. Wie Peter
Glaser bemerkt: *Der Geist des Militärs steckt in jedem Mikrochip, in
der Ökonomie der Leiterbahnen, in den Imperativen der Anweisungs-
folgen, mit denen jeder Algorithmus, jedes Anwendungsprogramm formuliert wird.*

Ganz konsequent haben dann die meisten Staaten nach
dem Zweiten Weltkrieg ihre Rüstungsausgaben im Bereich der
klassischen Waffensysteme zugunsten einer systematischen
Logistik der Wahrnehmung reduziert; man investierte in Über-
wachungsanlagen, Beobachtungsstationen und computergestützte Kriegsspiele. Es geht nun einmal darum, Wahrneh-
mungsfelder zu erobern und das Gesetz ihrer Metamorphose
zu fassen. Zum anderen wird die Welt zur Bühne einer Inszenierung der militärischen Kräfte.

Moderne Kriege stellen ein informationstheoretisches Experiment dar; sie entzaubern den Menschen als bloßes ingenieurstechnisches Problem. Seit er in Rückkopplungs-Schleifen eingebaut wird, nimmt sich seiner eine neue Wissenschaft, die Ergonomie, an. Sie optimiert die Umwelt von Datenpiloten. Dabei ist es fast gleichgültig, ob sie in Kampfflugzeugen durch Feindesland oder am Computer durchs Datenlabyrinth navigieren.

Als im Zweiten Weltkrieg erstmals Experimente zur Optimierung von Bomber-Cockpits angestellt wurden, entstand diese neue Wissenschaft. Worum es ihr geht, macht der entsprechende englische Ausdruck besonders deutlich: human factors engineering. Diese Ingenieurskunst ist natürlich um so menschlicher, je weniger Menschenopfer die Optimierungsexperimente fordern. Das neue Flugzeug wird seither nicht nur im Computer konstruiert, sondern auch probeweise geflogen.

Was mit der Ergonomie der Bomber-Cockpits begann, ist heute im Flugsimulator Routine geworden: Piloten trainieren ohne Absturzrisiko in dreidimensional simulierten Welten. Entscheidend ist dabei, daß der Betrachter nicht mehr passiv mit einem Monitor konfrontiert wird, sondern direkt in den Bildaufbau eingreifen kann. Wir haben es also mit interaktiver Computergraphik zu tun. Insofern sind die Flugsimulatoren der Prototyp aller Videospiele – die in Wahrheit digitale Bildmaschinen sind.

Nur noch Mustererkennung kann die Datenprozesse des elektronischen Zeitalters bewältigen. Informationsüberlastung ist heute der Normalfall der Weltwahrnehmung. Entsprechend muß eine Theorie der neuen Medien ihre Kategorien an extremen Fällen von Datenverarbeitung gewinnen. So hat James Gibson, während des Krieges von der Air Force beauftragt, die Informationsverarbeitung von Piloten beim Landeanflug zu untersuchen, die Strömung und rapide Transformation von optischen Daten als Bedingung geistesgegenwärtiger Orientierung erkannt.

Heute geht man konsequent zum computergestützten Blindflug über und gestaltet die Cockpits undurchsichtig, um Kampfpiloten beim Ablesen und Bedienen des Steuerpaneels

nicht durch Sinneseindrücke der Außenwelt zu stören. Hier liegt die Spitzenleistung von Menschen im Zusammenspiel mit ihrer Maschine darin, nicht den eigenen Sinnen, sondern den Displays zu glauben. Paul Virilio hat das schon am Kampfpiloten des Vietnam-Kriegs deutlich machen können: *Hob er den Kopf, so sah er den Kollimator der Windschutzscheibe mit (optischelektronischem oder holographischem) Digitalanzeiger, senkte er ihn, sah er den Radarschirm, den Bordcomputer, das Radio und den Videomonitor, der es dem Piloten erlaubte, vier oder fünf Ziele zugleich und schließlich die eigenen Geschosse zu verfolgen, die mit Kameras oder Infrarotsteuerung ausgestatteten Sidewinder-Raketen.*
Ein Beispiel, das besonders deutlich zeigt: Der Krieg ist der Vater aller Medien. Jeder, der heute einen Airbus oder eine Boeing besteigt, nimmt teil an der friedlichen Vervollkommnung der Luftwaffe. Piloten „fliegen" längst nicht mehr in einem handgreiflichen Sinne. Ihre Aufgabe besteht in der Überwachung hochkomplexer Informationssysteme, eine Art gleichschwebender Aufmerksamkeit der Kontrolle. Und seit die Bordcomputer den Piloten in einen Flug-Manager verwandelt haben, ist die Begrüßung „your Captain speaking" nur noch ein tröstlicher Anthropomorphismus an Bord der Maschine. Zu unserer Sicherheit fliegt nicht er, sondern ein Flight Management System.
Der Schauplatz des modernen Krieges konstituiert sich auf den Monitoren. Angesichts dessen scheint die Frage nach einer „eigentlichen", nämlich schmerzlichen, blutigen Realität des Kampfes hinter den Medienschleiern naiv. Seit Video und Rechner in die Waffen selbst eingebaut sind und Computersimulation Echtzeit-Kriegsspiele parallel zur militärischen Aktion ermöglicht, gibt es kein Jenseits der technischen Medien mehr. Und seit Raketen die eigene Zielfindung live übertragen, kann der Leichtsinn, Medien für ein Mittleres zwischen Mensch und Wirklichkeit zu halten, tödlich sein.
Moderne Waffen sind Kommunikationswunder. Intelligente Bomben steuern sich selbst ins Ziel und liefern zugleich Videobilder des Vollzugs; Rechner starten Abwehrraketen, die dann einen vollautomatischen Elektronik-Kampf führen. Maschinen kommunizieren mit Maschinen. Sobald während des

ersten Golf-Kriegs eine Scud gestartet wurde, begann ein maximal siebenminütiger hochkomplexer Datentransfer zwischen Frühwarnsatelliten, AWACS-Flugzeugen, phasengesteuerten Bodenradargeräten und dem Patriot-eigenen Radarsystem. Der moderne Krieg gewinnt seine Präzision durch Maschinenkommunikation. Nichts schwächt deshalb eine Streitkraft nachhaltiger als die Zerstörung ihrer Fernmelde-Einrichtungen.

Im Spektrum der Simulation tritt neben den Schein des Ernstfalls die militärische Steuerung durch den Schein im Ernstfall. Es geht nicht mehr vorrangig darum, den Feind aufzuspüren und zu töten, sondern ihn durch elektronische Täuschungsmanöver zu frustrieren. Störsender gibt es schon lange; aber man kann heute auch Radiokommunikation auf Phantomschiffen simulieren und durch akustische Transmitter verwirrende Unterwassergeräusche zirkulieren lassen. Zunehmend ersetzt die Täuschung die Abschreckung im Kriegsspiel. Von den Panzerattrappen der Alliierten an der Küste Ostenglands bis zu denen Saddam Husseins im ersten Golfkrieg reicht die militärische Mediengeschichte visueller Desinformation.

Simulation und Dissimulation lauten hier die entscheidenden Stichworte: Waffen, als ob es sie nicht gäbe, und das Als ob von Waffen, die es gar nicht gibt. Früher gab es noch militärische Simulationen im Sandkasten und mit Zinnsoldaten, also ikonische Darstellungen der wirklichen Welt. Die Welt der Computerelektronik aber kennt keinen Unterschied mehr zwischen den Datenprozessen des Kriegsspiels und der Kommandozentrale – und natürlich auch der Hobbyspiele am Heimcomputer.

In modernen Kriegen ist es schwer, zwischen Spiel, Modell und Simulation zu unterscheiden. Es läßt sich nur feststellen, daß der Gebrauch des Wortes Simulation in den frühen 80er Jahren das Wort Spiel in den kriegswissenschaftlichen Analysen verdrängt hat. Die überragende Bedeutung der Simulation ist dem öffentlichen Bewußtsein zum erstenmal im Zusammenhang mit der Vorbereitung von Weltraumflügen deutlich geworden. *Alle Zuverlässigkeit der Planung, alle souveräne Ruhe der*

Besatzungen beruhten darauf, daß fast alles in Simulatoren hatte geprobt werden können. So wird, an beliebigem Aufwand für Vorspiegelungen aller Art gewöhnt zu sein, zur schicksalhaften Trübung des Realitätssinnes im Maße technischer Wunscherfüllungen.

Diese präzise Diagnose findet sich in einer Glosse des Philosophen Hans Blumenberg, die unsere Sorge um eine letzte Unverwechselbarkeit artikuliert. Denn in der Tat läßt sich bei den technologischen Spitzenprodukten der Militär- und Raumfahrtindustrie der Aufwand für die Inszenierung von dem für den Ernstfall kaum mehr unterscheiden. Bei der nuklearen Waffentechnologie wird vollends die Zurschaustellung zum einzig erträglichen Realitätsgrad ihrer Wirkung. *Es sind nur noch Symbole, die man sich zeigt. Warum sollte man sich nicht einfallen lassen, der Welt mit Simulationen zu imponieren?*

Trainingsflüge können heute kurz nach der Landung auf einem großen Bildschirm wiederholt werden. Die Instrumente der Bodenkontrolle registrieren die automatisch vom Flugzeug übermittelten Daten von Flug, Manöver und Waffen. Es werden dabei keine wirklichen Raketen abgefeuert. Sobald der Pilot den Auslöser drückt, errechnet ein Computer sofort, ob eine wirkliche Rakete ihr Ziel getroffen hätte. Bei den Übungen und Manövern der Armee werden Lasersysteme benutzt; die Amerikaner nennen das „mock combat". Jeder Soldat hat an Helm und Brust Detektoren; hört er zwei kurze Töne, so bedeutet das, daß man auf ihn geschossen und ihn nur knapp verfehlt hat. Ein kontinuierlicher Ton bedeutet „getroffen und getötet"; der Soldat schließt sich dann selbst vom weiteren Manöver aus, indem er einen Schlüssel aus seinem Waffen-Transmitter zieht und in den Detektor steckt; damit ist die Waffe unbrauchbar und der Detektor ausgeschaltet.

Weil die Entscheidungsträger in Kampfflugzeugen, U-Booten und Flugzeugträgern ohnehin nur elektronische Bilder der Außenwelt zu sehen bekommen, wird es sinnlos, den Unterschied zwischen wirklicher Kampfhandlung und Simulation im Moment menschlicher Entscheidung zu suchen. Gegenwärtig kann man davon ausgehen, daß 80 % aller militärischen Entscheidungen computerisiert sind.

Die kalifornische Firma Science Applications International

Corporation hat zu diesem Zweck ein „people-in-the-loop"-
Spiel entwickelt, das den menschlichen Intellekt als integralen
Bestandteil der Kriegsarchitektur begreift. Der „loop" besteht
dabei aus Computern, die Daten und Graphiken liefern. So
wird menschliches Urteil beständig durch computergestützte
Modelle und Buchhaltungsroutinen vermittelt; eine permanent aktualisierte Simulationsbibliothek versorgt die Kriegs-
spieler mit Informationen über frühere Kriegsspiele und die
Lage der wirklichen Welt.

Es ist fraglich, ob man in diesem Zusammenhang überhaupt noch von realen Daten sprechen kann. Kriegsspiele operieren mit Daten, die sich zumeist nur den ungeprüften Out-
puts anderer Modelle verdanken. Damit aber werden die Datenprozesse in Krisenfällen selbst zum zentralen Gegenstand
militärischer Analysen; so simulieren politische Wissenschaftler die Bahnungen, in denen Entscheidungsträger der Geschichte inmitten internationaler Krisen Informationen pro-
zessierten. Denn heute bestehen Kriege nicht primär aus
Stahlgewittern, Feuer und Bewegung, sondern aus Datenprozessen.

In dem noch immer lesenswerten Buch von Watzlawick,
Beavin und Jackson findet sich eine hellsichtige Anmerkung
über diese spezifisch militärische Pragmatik menschlicher
Kommunikation: *Wenn ernsthafte Spannungen zwischen zwei Län-
dern entstehen, werden als erstes gewöhnlich die diplomatischen Beziehungen abgebrochen, um dann zu Analogiekommunikationen wie Mobilisierung, Truppenkonzentrationen und dergleichen überzugehen. Das
Absurde an diesem Vorgehen ist, daß die digitalen Kommunikationen
(die diplomatischen Beziehungen) gerade in dem Augenblick abgebrochen werden, in dem sie notwendiger sind denn je. Der ‚heiße Draht‘ zwischen Washington und Moskau dürfte in dieser Hinsicht prophylaktisch
sein, wenn er auch in offizieller Lesart nur der Beschleunigung von Kommunikationen in Krisenzeiten dient.*

Dieser heiße Draht wurde bekanntlich nach der Cuba-Krise
installiert. Sie war rasch als Kommunikationskrise unter
Bedingungen knapper Zeit erkennbar. Im Vietnamkrieg, den
das Fernsehen traumatisierend in amerikanische Wohnstuben
versetzte, verschärfte sich diese Kommunikationskrise zu ei-

nem Kommunikationsdebakel, das mit der militärischen Niederlage gleichbedeutend war. Seither gilt die Kommunikation in Krisenfällen als Schlüsselproblem militärischer Kriegsspiele.

Der Zusammenhang von Krieg, Technologiebeschleunigung und Medienevolution hat sich seit dem Kalten Krieg verstetigt, der fast nur noch auf einem Schlachtfeld der Daten und Bilder ausgetragen wurde. Und heute verändert das „electronic news gathering" das Wesen der Nachricht im Innersten: Was sich ereignet, ist inszeniert. Ereignisse geschehen, weil Medien sie aufzeichnen und ausstrahlen. Jürgen Habermas bemerkt, *daß sich das vom Fernsehen konstruierte Bild der Politik weitgehend aus Themen und Beiträgen zusammensetzt, die bereits für die Medienöffentlichkeit produziert* werden. Und noch genauer im Blick auf unser Thema: *Der Vietnam-Krieg, die revolutionären Veränderungen in Ost- und Mitteleuropa sowie der Krieg am Golf sind die ersten weltpolitischen Ereignisse im strikten Sinne. Durch elektronische Massenmedien sind sie einer ubiquitären Öffentlichkeit gleichzeitig präsent gemacht worden.*

Der Ausdruck „den Krieg erklären" ist doppelsinnig geworden, seit der amerikanische Präsident Woodrow Wilson den Journalisten George Creel beauftragte, die öffentliche Meinung über den Ersten Weltkrieg zu designen. Creel versprach dem Präsidenten *the world's greatest adventure in advertising* – ein Marketing des Krieges, das den Krieg tatsächlich „erklärt", d. h. seine Wahrnehmung definiert.

Ob die Massenmedien der westlichen Demokratien die Akzeptanz von Militäraktionen fördern oder zerstören, ist seither eine Frage, die eine komplexe Antwort erfordert. Etwa so: Die Medien zeigen die Bösen der Welt und ihre Opfer – dann kann man nicht mehr tatenlos zusehen. Doch die militärische Intervention der Guten zeitigt rasch ihre eigenen Folgelasten: Irrfliegende Bomben schlagen in Kinderkrankenhäuser oder Botschaften ein; zur Prime Time bekommt man zu sehen, wie die eigenen Landsleute durch den Wüstensand geschleift oder in Body Bags nach Hause transportiert werden – und schon kann man den Krieg nicht mehr führen.

Man könnte von einer Feminisierung der politischen Öffentlichkeit sprechen. Arnold Gehlen erklärt das so: *Die optische Nahdistanz im privaten Milieu löst das aus, was an Tötungshemmungen für eben diese Nahdistanz im Menschen instinktiv bereitliegt. Ein Teil unseres Instinktrepertoires [...] ist auf die Symbiose mit unseren Nächsten eingestellt, ist also familienbezogen, und das Fernsehen holt beliebig entfernte Szenen in diese Nahsicht und in die Sympathiegefühle familiären Ursprungs hinein. Folglich entstanden in massiver Form Abwehr und Ekel.* Der Krieg in den Medien stößt uns also auf die Paradoxie der Ethik der Medien: Erst kann man nicht mehr tatenlos zusehen, dann kann man den Krieg nicht mehr führen.

Auch wenn Journalisten das nicht gerne zugeben: Der Krieg ist der ideale Gegenstand der Massenmedien. Es gibt ständig Neuigkeiten, und alle sind betroffen. Nicht zufällig landen die eigenen Truppen zur Hauptsendezeit. Man ist live dabei und doch in Sicherheit. Aber die spannende Frage nach den Wechselwirkungen von Krieg und Medienberichterstattung sollte nicht gleich wieder kritisch, d.h. mit heißem Herzen, in die Sackgasse des Manipulationsverdachts hineingesteuert werden. Viel zu unterschiedlich sind die Effekte der Weltnachrichten, als daß man sie aufs Schema der „Legitimation" reduzieren könnte.

Man weiß heute, daß die Fernsehbilder von den Napalmopfern aus Vietnam den Amerikanern die Möglichkeit genommen haben, den Krieg zu Ende zu führen. Aber diese Lektion wurde gelernt. Und man weiß heute, wie geschickt dieselbe Militärmaschine dann im ersten Golfkrieg Videobilder als Beweismittel für die Möglichkeit eines scheinbar unblutigen High-Tech-Krieges präsentiert hat.

Im letzten Irak-Krieg wurde die Schraube der Desinformation dann noch eine Windung weiter gedreht – Stichwort: „embedded journalists". Das hatte die Folge, daß die kritischen Berichterstatter nur noch berichteten, daß kritische Berichterstattung unmöglich sei. Und deshalb hat man mehr denn je die Wirklichkeit des Krieges mit den Bildern der Opfer identifizieren wollen. Doch das war gleich doppelt naiv. Man hatte zum einen nicht begriffen, daß ein Info-Krieg eine unabhängige Berichterstattung ausschließt, weil ja jede Information eine Waffe ist. Und man hatte zum anderen nicht begriffen, daß die stets verfügbaren Bilder vom Leiden der Zivilbevölkerung selbst Elemente des Informationskrieges sind. Ob sie wollen oder nicht: Journalisten werden zu Kombattanten im Info-Krieg. Die Kampfmaschinen sehen den Krieg; die Menschen sehen fast nichts. Die Computer bestimmen den Kriegsschauplatz; den Journalisten bleibt nur das Bild der Opfer. Und das Publikum gewinnt die traurige Gewißheit, die Hans Magnus Enzensberger formuliert hat: *Unzweifelhaft ist, daß wir alle zu Zuschauern geworden sind.*

Beim Scud-Angriff auf Riad saßen die Journalisten im Pressezentrum des Hotels Hyatt und bewunderten in der Echtzeitübertragung von CNN den Kometenschweif der Raketen, deren Ziel sie selbst waren. Die Betroffenen sahen dieselben Bilder zur selben Zeit wie die Fernsehzuschauer in aller Welt – und sonst nichts. Im Golf-Krieg gab es keinen Ort mehr, an dem man – jenseits der Medienwirklichkeit – „vor Ort" gewesen wäre. So beschränkte sich die kritische Kriegsberichterstattung denn auch auf eine Art Inhaltsanalyse des CNN-Programms.

11. Unterhaltung als Schule der sozialen Intelligenz

Daß Unterhaltung und Langeweile zwei Seiten derselben Medaille sind, ist Philosophen seit Pascal gut vertraut. Aber erst mit John Maynard Keynes hat ein Ökonom sich des großen Problems angenommen: Die Leute wissen nichts mit ihrer Zeit anzufangen. Wenn sie keine Sorgen haben, langweilen sie sich zu Tode. Deshalb ist das Programm der Massenmedien sozialtherapeutisch von größter Bedeutung. Alle „gute Unterhaltung" reagiert nämlich auf die Verzweiflung der Langeweile. Wir amüsieren uns zu Tode, um uns nicht zu Tode zu langweilen.

Fernsehen ist ein Medium der Passivität. Nach des Tages Müh' und Not kommt man endlich nach Hause oder wenigstens ins Hotelzimmer. Und da wünscht man sich weder Informationsverarbeitung noch Interaktivität, sondern Unterhaltung, Zerstreuung, Trance. Man will nur noch einschalten, um abzuschalten und um unbeobachtet zu beobachten.

Unterhaltung funktioniert wie früher der Mythos – man muß keine Anschlußkommunikation leisten. Man versteht, die Geschichten sind vertraut, die Stereotypen verläßlich. Schon bei dem großen Filmtheoretiker der 30er Jahre, Siegfried Kracauer, kann man lesen, daß der Film die ganze Welt als virtuelles Zuhause zeige. Das trifft gerade auf die vielgeschmähten Hollywood-Filme zu; und das liegt daran, daß dort in aller Naivität die Mythen, Sagen und Legenden von 2500 Jahren abendländischer Kulturgeschichte daraufhin abgetastet werden, ob sie brauchbare Geschichten abgeben. In der Antike kehrten die mythischen Gestalten unverändert wieder; in der Moderne werden sie umerzählt und dem Zeitgeist angepaßt. Hollywood ist also ein Selektionsmechanismus zur Optimierung von Mythen, die den Horizont unserer Kultur umstellen. Wenn Mythen erzählt werden, geht es nicht um Information, sondern um Partizipation – aber stets so, daß der Held stellvertretend für mich leidet und triumphiert. Die Heldentat wird gerühmt, ist aber nicht verpflichtend. Und Bewunderung ist die Währung, in der wir die Helden bezahlen, die uns entlasten. Diese Entlastungsleistung zeigt sich deutlich in den fundamentalen Reaktionen auf spannende Unterhaltung:

– ich bin nicht allein mit meinem Unglück;
– das muß ich mir nicht zumuten;
– damit muß ich nicht rechnen.

In der Welt der Unterhaltung hat der Held gleich zwei prägnante Antipoden, nämlich den Versager und den Verbrecher. Der Versager bleibt unter der Norm und wird deshalb verspottet. Der Verbrecher ist der Gesellschaftsfeind, der gegen die Norm agiert und den wir deshalb bestraft sehen wollen. Der Held erbringt Leistungen über der Norm, und deshalb verehren wir ihn. Diese mythischen Idealtypen genügen, um die Welt zu ordnen. Wir lernen die Norm kennen, ohne sie nennen zu können.

Die Massenmedien ersetzen die Mythen als Welthorizont. Und diese neue Mythologie erscheint als Unterhaltung. Man könnte eine geistesgeschichtliche Linie ziehen vom Tod Gottes über den Verlust der heiligen Meistererzählung zur Explosion des Erzählens im 19. Jahrhundert und schließlich zu Hollywood als der Wiederkehr des Mythos unter neuen Medienbedingungen. Mythen informieren nicht, sondern sie solidarisieren. Es geht hier vor allem um das Drama rhythmischen Handelns und um emotionale Identifikation. Jede Handlung folgt einem Drehbuch, d.h., sie schafft eigentlich erst den Handelnden. Und jeder weiß von der Erzählung des eigenen Lebenslaufs wie Geschichten Personen zusammenhalten.

Der Kulturauftrag der Massenmedien, zumal des Fernsehens, ist also derselbe wie der des antiken Poeten, nämlich *recorder and preserver* zu sein: aufzunehmen und zu speichern. Was für die Griechen das Epos war, ist für uns die Fernsehunterhaltung: soziale Enzyklopädie und moralisches Training. Statt der Moral haben wir die Medien. Ohne jede Mühe wird beim Fernsehen die soziale und emotionale Intelligenz getestet. Vorm Fernseher und im Kino lernen die Jugendlichen, was ihnen keine Schule und kein Elternhaus beibringen kann: So also geht man mit Frauen um; so funktioniert die Welt; das ist Glück! Hollywood ist die Welt der Stars, die Geburt der großen Gefühle von Ruhm und Ehre – und natürlich der demokratische Mythos des Erfolgs. Was man von Film und Fernsehen derart lernen kann, nennen Anthropologen *behavioral literacy*, das Abc des erfolgreichen Verhaltens. Fernsehen schult die soziale Intelligenz, indem es zur Beobachtung der sozialen Komplexität einlädt. So wird gerade die vielgeschmähte Unterhaltung zum Medium des Lernens.

Gefühle wie die Liebe kann man üben; das Verhalten wirkt nämlich auf das Gefühlsleben zurück. Das heißt aber auch, daß wir unsere Gefühle schauspielern – und umgekehrt von großen Schauspielern große Gefühle lernen können. Zu Recht hat Andy Warhol deshalb diejenigen, die eine große Intensität der Gefühle vermissen, ins Kino geschickt.

Gefühle entfalten sich dramenartig, d.h., es gibt kein Gefühl ohne Situation – das ist der ewige Vorteil des Geschichtenerzählers gegenüber dem Psychologen. Filme bieten nun Formulierungshilfen bei der Konstruktion von Geschichten, mit denen sich dann Individuen identifizieren können. Die Ingenieure der Phantasie, die uns Zuschauer mit gut konfektionierten Stories versorgen, bieten vor allem Liebesgeschichten, denn diese schaffen – ähnlich wie auch Gerichtsverfahren und die totale Institution Krankenhaus – eine eigene Welt.

Das Fernsehen muß also zum einen als moralische Anstalt und Schule des Verhaltens begriffen werden. Zum anderen ist es das Medium dessen, was der Anthropologe Lionel Tiger Soziallust genannt hat; gemeint ist die Lust der Gesellschaft an sich selbst. Diese bedient das Fernsehen durch eine konsequente Unterhaltungsformatierung aller Ereignisse. Alles was geschieht, ordnet sich um die Brennpunkte der Sentimentalität und der Sensation.

Es geht hier nicht um Aufklärung, sondern um kostenlose

Gefühle. Gute Unterhaltung ist ein Gefühl; ich fühle mich gut unterhalten, so, wie ich mich gut bedient fühle. Wer mit Genuß fernsieht, ist der produktiven Gesellschaft ein Dorn im Auge, denn er hat die puritanische Angst vor der Zeitvergeudung abgestreift. Fernsehen befreit vom Handeln und erlöst von der Zeit.

Gute Unterhaltung liegt in der goldenen Mitte zwischen Stress (zu viel Stimulation) und Langeweile (zu wenig Stimulation). In der rundum versicherten Welt der Moderne suchen wir nach Gefahr, denn diese versetzt uns in Aufregung – und das bereitet Lust. Doch die Gefahr darf nicht wirklich gefährlich werden, sie muß im Als-ob verbleiben. Was wir eigentlich suchen, sind also *safe dangers*, gefahrlose Gefahren. Und die gibt es vor allem im Film. Im Film wird *der Schock als Konsumgut* genießbar; er bietet das ersehnte Neue in der Form der Sensation, d. h. als Gefahr, die man nicht ernst nehmen muß.

Große Gefühle gibt es modern nur noch unter Bedingungen, die Ellen Berscheid als *controlled exposure situation* beschrieben hat. Man läßt sich überraschen und aufregen – kann aber jederzeit rausgehen oder abschalten. Unter diesen Bedingungen verwandeln sich die Gefahren der Unsicherheit in Möglichkeiten der Überraschung. Ungewißheit und Unbestimmtheit werden dann nicht mehr als Drohung, sondern als Stimulans des Lebens erfahren.

Was für den vormodernen Menschen Fortuna war, ist für den modernen Menschen die Spannung: selbsterzeugte Ungewißheit. Spannung liegt als kontrollierter Kontrollverlust zwischen der Vertrautheit des Banalen und der Unvertrautheit des Komplexen. Werner Früh hat diesen *kontrollierten Kontrollverlust* zu Recht ins Zentrum seiner Unterhaltungstheorie gestellt. Ein spannender Film trainiert uns also im Umgang mit Ungewißheit. Fernsehen übt ein, wie man aktive durch passive Kontrolle ersetzen kann: Man kann nichts tun, aber man kann voraussehen, was geschieht.

Unterhaltung hat neben der Spannung aber noch einen weiteren Schwerpunkt: die Lust am Geschwätz. Klatsch und Talk sind die menschlichen Formen sozialer Fellpflege. Sie trennen innen und außen. Man könnte auch sagen: Klatsch und

Tratsch regulieren das Verhalten der Mitglieder einer Gemeinschaft. Klatsch ist also die Form der Konversation, in der es um Standards und Werte geht. Massenmedien weiten nun diesen Klatsch-Mechanismus auf Fremde aus. D.h., Berühmtheiten und Politiker werden von den Zuschauern als wichtige Gruppenmitglieder behandelt. Insofern entspricht die Unterhaltungsformatierung aller Ereignisse im Fernsehen nicht nur unseren tiefsten Wünschen, sondern auch einer sozialen Notwendigkeit. Die Lust am Klatsch ist das Genießen der Unterwürfigen – und zugleich eine Form, in der sie soziale Intelligenz ausbilden.

Ereignisse und Persönlichkeiten sind Eigenwerte des Fernsehens, die das Chaos der Welt ordnen. Das erklärt, warum das Fernsehen so beliebt ist, obwohl alle über das schlechte, niveaulose Programmangebot klagen. Vor dem Fernsehschirm kann ich mir ein Bild von der Welt machen; hier gibt es noch Unmittelbarkeit und Dramatik. Hier bin ich Mensch, hier darf ich's sein. Und genau das wird uns ja von der modernen Gesellschaft vorenthalten. Jeder spürt schon lange, was Soziologen wie Niklas Luhmann heute ausdrücklich sagen: daß der Mensch ein Umweltproblem der Gesellschaft ist. Und gerade deshalb kommen wir nicht von den Medien los. Zumal das Fernsehen lockt, noch in den dümmsten Sendungen, unwiderstehlich mit dem geheimen Konsum des Menschlichen.

Seit es Privatfernsehen gibt, sehen wir zwar nicht mehr dieselben Sendungen. Doch gleichgültig, welchen Sender wir einschalten – überall erwartet uns der Körperkult der Prominenz. Und die gemeinsame Beziehung auf Prominente hält die Gesellschaft zusammen. Früher hat man das richtige Verhalten in der Polis gelernt; heute genügt es, den Fernseher einzuschalten. Das hat Allan Bloom wohl gemeint, als er das Fernsehen als *consensus monster* bezeichnete.

Doch in Talkshows werden nicht nur Prominente ausgestellt; sie befriedigen auch die Ausdrucksbedürfnisse moderner Subjektivität. Schon Helmut Schelsky sprach von der Bewahrung der Subjektivität im Freiheitsraum bloßer Äußerung. Wichtiger als die Information ist die Beteiligung an Kommunikation: Reden wir miteinander!

Schimpansen kraulen sich, wir schwätzen miteinander. Beides hat denselben sozialen Sinn: den Gruppenzusammenhalt zu sichern. Im Medium von Klatsch und Tratsch beobachten wir die soziale Komplexität unserer Welt und trainieren so unsere soziale Geschicklichkeit. Wer hat was mit wem? So funktioniert Fernsehen als Schule der sozialen Intelligenz. Was soll ich glauben? Was kann ich hoffen? Was darf ich begehren? Die Antworten darauf gibt die gute Unterhaltung in den Massenmedien.

Doch welche Unterhaltung ist gut? Kulturkritiker können zu Recht darauf verweisen, daß die Massenmedien zumeist Junk Information bieten – also das geistige Äquivalent von Fett, Zucker und Salz. Und in den letzten Jahren konnte man sogar den Eindruck gewinnen, daß das Privatfernsehen sich aufgemacht hat, den letzten noch unentdeckten Kontinent der Unterhaltung, nämlich den schlechten Geschmack, zu erobern. Hier zelebriert die Massendemokratie ihren Kult der Geschmacklosigkeit, Vulgarität, ja Obszönität und lehnt dankend alle Angebote einer E-Kultur ab, die bekanntlich auf Lustverzicht gebaut ist.

Sehen wir näher zu. Alle Sätze scheinen gesagt, alle Provokationen durchprobiert, alle Witze abgelacht – wie kann man da noch unterhalten? Die wohl aktuellste Antwort gibt das Bad Taste Movement, also die Entübelung des schlechten Geschmacks in Mode und Massenmedien. Unterhaltung macht Experimente an der Grenze des Peinlichen, Unsinnigen und Verrückten.

All das wird gedeckt von dem Genre-Namen Comedy. Es ist die Reinform der Unterhaltung. Hier gilt Schopenhauers Definition: *Witz als Narrheit zu maskieren, ist die Kunst des Hofnarren.* Wir lieben den Narren dafür, daß er uns von der öffentlichen Meinung befreit. Denn öffentlich heißt die Meinung, die man ohne Isolationsangst aussprechen kann – also gerade nicht die eigene. Der Narr der Comedy nimmt es auf sich, auszusprechen, was wir kaum noch zu denken wagen. Und genau das war und ist komische Katharsis: Verlachen und Erkennen in einem.

Das Entscheidende dabei ist, daß hier Komik an die Stelle

der Kritik tritt. Man lacht, statt zu entlarven. Comedy ist Dadaismus fürs Volk, der Goldrausch im Niemandsland des Unsinns. Und hier sind Abenteurer gefragt, die das Risiko der verfehlten Quote auf sich nehmen. Doch nur wenige Leute, das wußte schon Carl Einstein, haben den Mut, vollkommenen Blödsinn zu sagen. Das Problem jeder Serie ist die ewige Wiederkehr des Gleichen. Eine gute Comedy löst das Problem, indem sie gerade die Lust am Stereotyp kultiviert. Oscar Wildes prägnantes Wort von den Wonnen des Trivialen meint hier konkret: Gerade der Aufgeklärte, gut Informierte genießt die Schablone und das Vorurteil; er weiß die Kultqualität des absurden Rituals zu schätzen. Das Lachen über den Unsinn kann also durchaus geistvoll sein. Das Publikum feiert sich selbst, seine eigene Intelligenz, die sich an Parodien, Zitaten und Anspielungen erprobt.

Das Publikum feiert sich selbst – das ist, neben dem Starkult, das zweite Grundprinzip guter Unterhaltung. Was Philip Kotler *designing persons for stardom* genannt hat, ist das uns nun schon vertraute Betriebsgeheimnis der Unterhaltungsindustrie. Der Zauberapparat des Marketing muß Berühmtheiten gestalten. Stars machen ästhetische Urteilskraft überflüssig. Wie die Klassiker ersparen sie uns Kompetenz.

Doch Starkult allein genügt nicht. Schon Walter Benjamin hatte gesehen, daß Starkult und *Kultus des Publikums* komplementär sind; das Publikum feiert sich selbst in seiner Allmacht der Einschaltquoten. Und heute können wir beobachten, wie ingeniös die Glücksindustrie Starkult und Kult des Publikums durch einen Kult des Zufalls potenziert. Das ist der Endpunkt einer Entwicklung, die mit dem Untergang der Götter begann. Da die Sehnsucht nach Abhängigkeit immer konstant blieb, wurden die vakanten Stellen der alten Götter durch Stars besetzt. Der Star ist ein als Gottheit präsentierter Mensch. Sobald aber deutlich wird, daß sich das *stardom* nicht der Leistung, sondern allein dem Design verdankt, begreift jeder Zuschauer die Warhol-Lektion über den fünfzehnminütigen Weltruhm.

Tagtäglich macht das Fernsehen mit seinem Körperkult der

Prominenz dem Zuschauer deutlich, wie die Massenmedien den Markt für Achtung und Aufmerksamkeit regulieren. So nährt sich die Gier nach Publizität von der Angst, nicht wahrgenommen zu werden. Pascal Bruckner kommentiert: *Diese spontane Enthüllung erspart jegliche Aktivität, jede Arbeit an sich selbst. Allein der Blick der anderen sagt mir, wer ich bin, was mit mir los ist.* Und hier wird nun der Starkult durch einen Kult des Zufalls ergänzt. Wenn es keinen positiven Gegenstand der Verehrung mehr gibt, richtet sich die Sehnsucht nach Abhängigkeit auf das Unvorhersehbare. So kehrt der antike Kult des Glücksfalls im Herzen der modernen Unterhaltung wieder. Seine durchaus realistische und nur durch die Wahrscheinlichkeitsrechnung getrübte Botschaft lautet: Jeder könnte der Star sein.

In den Massenmedien ist der Ruhm von jeder Leistung emanzipiert. Man muß nichts können, um als Star zu strahlen – das bloße Bild des Körpers, das die Berühmtheitswerte Schönheit, Reichtum und Sex-appeal abstrahlt, genügt. Damit wird, paradox genug, Berühmtheit zum Alltagsphänomen. Schon um die Sendezeit zu füllen, müssen die Massenmedien den Ruhm demokratisieren. Und so übergreift der Egalitarismus heute seinen Gegensatz: Alle haben den Anspruch, berühmt zu sein.

Die Paradoxie der Berühmtheit für alle kann natürlich nicht aufgelöst, sondern nur in immer wieder neuen Formaten der Massenmedien verschoben werden. Ruhm gibt es logischerweise immer nur für die Wenigen. Deshalb muß die moderne Gesellschaft den Vielen eine Kompensation bieten. In einem brillanten kleinen Aufsatz hat Ijoma Mangold die medialen Angebote, am *Aufmerksamkeitsmonopol* der Prominenz teilzuhaben, analysiert. Mächtiger als die alten Gegensätze von Oben und Unten, von Kapital und Arbeit wirkt heute die *Zweiteilung in jene, die auf dem Bildschirm zu sehen sind, und jene, die davor sitzen.* Damit wächst ein neues Unbehagen in der Kultur. Je glänzender die Celebrities auf den Bildschirmen, desto unerträglicher das Gefühl der eigenen Nichtigkeit. Deshalb ist die Suggestion der Medien, jeder könne die Seiten wechseln und selbst auf den Bildschirm gelangen, für viele unwiderstehlich.

Und deshalb sucht Deutschland den Superstar. Mit den präzisen Worten von Ijoma Mangold: *Jede Casting-Show ist das Angebot, aus dem Unbehagen an der eigenen Bedeutungslosigkeit herauszutreten. Wer die Schalllosigkeit seiner eigenen Existenz nicht länger hinnehmen mag, der kann aber auch zu einer Nachmittags-Talkshow gehen und dort über die eigenen Gefühle so reden, als seien sie die Aufmerksamkeit der anderen wert.*

12. Die Schule im Computer

Es ist heute wohl unstrittig, daß man triviale Lernprozesse am besten mit Computern stützt. Denn Computer stellen schon als technische Medien eine lernfreundliche Umgebung dar; sie nehmen einem die Angst, etwas falsch zu machen. Und es ist ja zumeist diese Angst vor dem Fehler, die das Lernen blockiert. Die Forderung lebenslangen persönlichen Lernens ist längst zur Selbstverständlichkeit geworden. Aber das wäre nur in einem Medium maßgeschneiderter Informationen möglich. Dazu genügt es nicht, auf jeden Schreibtisch einen Computer zu stellen. Statt wie bisher den Computer in die Schule, versucht man heute, die Schule in den Computer zu packen. Angezielt wird also ein individualisiertes, persönliches Lernen, rund um die Uhr (24/7) und ein Leben lang.

Heute findet das aber weniger in den Schulen als vielmehr vor den Konsolen der Videospiele statt. Für diesen faszinierenden Sachverhalt hat der Philosoph John Dewey schon vor hundert Jahren den passenden Begriff gefunden: kollaterales Lernen. Der Begriff des kollateralen Lernens befreit von dem Kulturpessimismus, der sich in den letzten Jahren vor allem auf die Welt der Videospiele konzentriert hat. Sie werden heute als pädagogische Medien erkennbar. So bieten die Multiuser Video Games eine Lernumgebung, die den Nutzer mit Geheimnis, Action und Drama stimuliert. Man muß künstliche Umwelten sondieren und „teleskopieren", um verborgene Muster und Regeln zu finden. Ein großer Teil der Dramatik steckt also in der Enthüllung der Spielregeln selbst. Das Spiel fragt gleichsam: Wie wird gespielt? Und man lernt die Regeln beim Spielen.

Videospiele trainieren das Entscheiden und den Umgang mit komplexen Systemen. Mehr als jedes andere Medium för-

dern sie das Vermögen der Geistesgegenwart, das im Jargon
der Kognitionswissenschaften heute „cognitive readiness" genannt wird. Darüber hinaus lernen die Spieler der Videospiele
auf unterhaltsamste Art, visuelle Sprachen und Geschichten
als Medien für die Verarbeitung riesiger Informationsmengen
zu nutzen. Edutainment ist ein guter Begriff für diese neue
Form von Unterhaltung, die Lust an der Komplexität weckt,
indem sie den Nutzer künstliche Umwelten sondieren läßt.
    Die neuen spielerischen Lernumwelten sind also nicht der
Grund für die Krise der „Bildung", sondern womöglich ihre
Lösung. Man muß heute ja mit Wissenshalbwertzeiten kalkulieren; d.h., man kann nicht mehr für das Leben lernen – und
muß eben deshalb ein Leben lang lernen. Schon vor 200 Jahren
hat der Theologe Schleiermacher deshalb das Lernen des
Lernens ins Zentrum der Bildung gerückt. Das ist aber erst
heute technisch machbar. Hypermedien präsentieren ein Wissen, das sich dem Lernenden anpaßt. Sie ermöglichen erstmals
einen interaktiven und multimedialen Wissenszugriff.
    Wenn es überhaupt noch Bildung im 21. Jahrhundert gibt,
wird sie ein stabiles Ganzes aus unstabilen Teilen sein. Ein-
drucksvolle Modelle dafür bietet das Internet mit den FAQs,
den am häufigsten gestellten Fragen, und mit Wikipedia, einer
Art emergenter Enzyklopädie ohne Aufklärer und Autoritä-
ten. So bildet sich heute dialogisches Weltwissen – oder, um
Philosophen verständlich zu bleiben: eine neue Doxa. Das sich
selbst organisierende Wissen der Vielen tritt in Konkurrenz
zum Expertenwissen.
    Das Internet erweist sich hier als sozial distribuiertes Ge-
dächtnis der Menschheit, das die traditionelle Verbindung von
Information und Autorität nicht mehr akzeptiert. Der Profes-
sional, z.B. ein Arzt oder ein Rechtsanwalt, überträgt sein Wissen ja nicht auf den Klienten. Gegen diese Esoterik der Profes-
sionals wenden sich heute die *counterprofessionals* des weltweiten
Wissensnetzes, zu dem sich unzählige Fäden von Spezialinter-
essen und Minoritätenpolitik verweben. Und diese neue Doxa
hat auch eine neue Darstellungsform gefunden: Hypertext.
    Schon 1928 beginnt Walter Benjamin einen Aphorismen-
band mit der Absage an die *universale Geste des Buches*; die *wahre*

literarische Aktivität müsse gerade den literarischen Rahmen sprengen und Flugblätter, Zeitschriften, Plakate als Schule jener *unscheinbaren Formen* begreifen, in der die *prompte Sprache* der Gegenwart gelernt wird. Film und Reklame, statistische und technische Diagramme dringen ins Schriftbild ein und zerstören die Autonomie der Buchform. Und in großartiger Vorwegnahme von Darstellungsmöglichkeiten, die uns heute unter dem Titel Hypertext selbstverständlich geworden sind, spricht Benjamin von einer veränderten *Schrift, die immer tiefer in das graphische Bereich ihrer neuen exzentrischen Bildlichkeit vorstößt.*

Ob man nun von Hypertext oder Multimedia spricht – stets geht es um ein Kommunikationsangebot, das den sensorischen Reichtum des Fernsehens, die Informationstiefe der Print-Medien und die Interaktivität des vernetzten Computers miteinander verknüpft. Vor allem Bilder werden immer wichtiger, weil sie schneller, kompakter und komplexer sind als Sprache. Den Herausforderungen unserer modernen Welt ist vielfach nur noch Pattern Recognition, Mustererkennung gewachsen; lineare Analyse ist viel zu träge. Text kann mit der Beschleunigung unserer Welt nicht mehr Schritt halten. Ein Blick muß genügen – wie im Straßenverkehr. Durch Computer gibt es nun erstmals exakte, errechnete Bilder; sie sind nicht mehr das Reich der Unvernunft.

Wie Magazine, in denen ja Notizen, Reklame und redaktionelle Artikel aufeinanderstoßen und um die Aufmerksamkeit des Lesers werben, bieten Hypertexte nicht mehr den sauberen Schriftraum des Buches, sondern spiegeln die Eigenschaften des verarbeiteten Materials. Doch anders als Magazine sind Hypertexte beweglich und interaktiv. Dieser elektronische Schriftraum gestaltet sich nach einer Fenstertechnik, die zweidimensionale Schreiboberflächen übereinander schichtet. Entsprechend ist auch ein Hypertext-Dokument keine physikalische Einheit, sondern eine virtuelle Struktur. Strenggenommen existiert es nur online. Jeder Anwender entwirft Texte im Horizont von Zeit auf Möglichkeiten hin.

Eine der einfachsten Formen, innerhalb linearer Schriftbewegungen Mehrstufigkeit und Komplexität darzustellen, ist die Fußnote. Deshalb charakterisiert die einfachste Definition einen Hypertext als generalisierte Fußnote Er bildet ja ein Netzwerk aus Fußnoten zu Fußnoten. Eben das aber läßt sich in Print-Medien nicht mehr sinnvoll darstellen. Jedes Netzwerk ist ein Graph, der aus „nodes" und Links, also aus Knoten und Verknüpfungen besteht. Und wenn man sich einen klassischen wissenschaftlichen Text ansieht, dann kann man jedes Zitat als einen Link verstehen. Hypertexte operieren aber auch mit Verknüpfungen zweiter Ordnung, also mit „links to links". Und das entspricht genau der Theoriestruktur komplexer Sachverhalte: Relationierung von Relationen.

Ein Schlüssel zum Verständnis von Hypertext-Systemen liegt im Begriff der Navigation. Navigation nennt man die zugleich sichere und streckenoptimierende Führung eines Fahrzeugs. Im Kontext der Hypermedien ist die Bahnung von Wissenspfaden im Dschungel der Daten gemeint. Der Cyberspace erweist sich hier als ein haptischer Raum; die Navigation verfährt Schritt für Schritt – genauer: Click für Click. Dem entspricht die Designaufgabe, die Benutzeroberfläche eines Computers als Navigationsfilter zu gestalten. Daß man Argumente genauso visualisieren könnte wie Daten, indem man alle Standpunkte zu einem Problem als mehrdimensionale Figur darstellt und über Hypertext verbindet, ist Esther Dysons konkrete Utopie gleichsam begehbarer Wissensstrukturen.

Hypertexte bieten keinen kontinuierlichen Informationsfluß wie etwa ein Film, sondern Grundeinheiten der Information, die in Wechselbeziehung zueinander stehen. Es geht hier für das Wissensdesign also um die Frage der Körnung von Information. Nach welchem Schema wird die Information modularisiert? Wie klein darf eine Dateneinheit sein, wenn sie für den Anwender auch isoliert betrachtet verständlich bleiben soll?

Schon Vannevar Bushs berühmter Aufsatz vom Juli 1945 „As we may think" benennt das große Zivilisationsproblem unserer Zeit: schnelle Verarbeitung einer alles Menschenmaß sprengenden Informationsmasse. Bush sieht sehr klar, daß die wachsende Komplexität der westlichen Zivilisation dazu zwingt, Erinnerung, Speicherung und Archivierung vollständig zu mechanisieren. Nur vor dem Hintergrund dieser technischen Implementierungen von Gedächtnisfunktionen mag es den Menschen dann gelingen, das Vorrecht des Vergessens wiederzuerringen. Menschenhirne derart von zivilisatorisch unverzichtbarer Komplexität zu entlasten, kann dann auch ein neues Berufsprofil prägen: den Wissensmanager, der gangbare Wege durch das Labyrinth des Gespeicherten bahnt. Man kann nämlich unter den neuen Medienbedingungen einer Sintflut der Informationen nicht wirklich wissen, was man alles weiß.

Ein kluger Scherz schlägt vor, analog zum „bit" als der kleinsten Einheit von Information eine Maßeinheit für Wissen zu definieren: das „wit". In der Tat geht es darum, aus der Information als dem Feind der Intelligenz den Rohstoff des Wissens zu machen. Der Hypertext ist das mittlerweile schon klassische Darstellungsmedium für komplexes Informationsdesign. Das war bisher fast nur für Wissenschaftler interessant. Doch in Zukunft wird die Alltagsnachfrage nach Wissenslandkarten sprunghaft ansteigen.

∗∗∗

Die neuen Handys sind Allzweckmaschinen, mit denen man nicht nur telefonieren, faxen und online gehen kann, sondern auch bezahlen. Sogar Bewegtbilder lassen sich übertragen. Technisch ist es also möglich, alles, was ein erfolgreicher Mensch des 21. Jahrhunderts wissen und leisten muß, über ein einziges, handliches Spielzeug laufen zu lassen. Die Technikbegeisterten, die sogenannten Prosumer, sind entzückt darüber, daß Telefone sich in multimediale Kommunikationsterminals verwandeln. Man bekommt hier den Eindruck, das Handy sei ein Tamagotchi für Erwachsene.

Auf der anderen Seite geht ein großer Reiz von dem entgegengesetzten Angebot aus, nämlich von vollständig modularisierten Medien. Gemeint sind Telefone, die besonders einfach zu nutzen sind, Netzcomputer, die nichts anderes tun als im Netz angebotene Programme zu bearbeiten usw. Multimediale Kommunikationsterminals sind zu komplex für den Durchschnittskunden. Sie setzen zu viel technisches Wissen voraus

und auch eine zu große Lust, sich auf die unendlich vielen
Optionen solcher Geräte einzulassen.
 Je mehr Multimedialität zum Handwerkszeug des 21. Jahrhunderts wird, um so weniger wird man die fetischistische Faszination durch multifunktionale Geräte voraussetzen dürfen.
Sehr viel wahrscheinlicher ist eine Zweiteilung. Es gibt den
Markt der Ingenieure, der Leute, die Lust an technischem Zauber haben. Aber es gibt auf der anderen Seite eben auch das
verlockende Angebot absoluter Einfachheit der Bedienung
und Modularisierung des Mediengebrauchs. Einfache Module,
die miteinander kommunizieren können – das ist viel eleganter
und attraktiver. Wer will schon noch Gebauchsanweisungen
lesen.
 Bill Gates hat schon vor zehn Jahren auf die Frage, was
denn der neue Trend des Computermarktes sei, eine einfache
Antwort gegeben: Einfachheit. Das klingt nur harmlos. Denn
die Entscheidung für Einfachheit verdunkelt die Welten der
Hacker und Tüftler. Es hat ja immer drei digitale Welten, drei
Stellungen zum Computer gegeben: Die Hacker operieren
Aug' in Aug' mit der Komplexität. Sie leben davon, daß kein
komplexes Programm fehlerfrei ist, und ihre Kreativität heißt
Debugging. Debugging ist keine theoretische Analyse, son-
dern die Eliminierung von „Rauschen" durch Versuch und
Irrtum. Die Tüftler dagegen sind die Reduktionisten mit dem
Lötkolben in der Hand – fixiert auf Hardware, verliebt in die
Maschinensprache. Und schließlich gibt es die naiven Nutzer,
die Kunden der Einfachheit. Sie wollen nichts von Programmen und Prozessoren wissen, sondern auf der freundlichen
Benutzeroberfläche bleiben.
 Das hat Folgen für unseren Lebensstil. *We have learned to
take things at interface value*, sagt Sherry Turkle. Diese prägnante
Formel läßt sich kaum übersetzen, aber leicht verstehen. Etwas „at face value" zu nehmen, heißt, der Oberfläche zu vertrauen, also das Wesentliche nicht in einer verborgenen Tiefe
zu suchen. Und die Dinge „at interface value" zu nehmen soll
eben heißen, daß wir uns in der Welt der neuen Medien damit
begnügen, die Benutzeroberflächen zu bedienen.
 Wir akzeptieren es, nicht zu wissen, was in den schwarzen

Schachteln vor sich geht. Zu jeder Black Box gehört eine
Benutzerillusion, die das Nichtwissen handhabbar macht. Und
genau das ist mit Interface gemeint. Jede Benutzeroberfläche
ist nämlich eine Form mit zwei Seiten, die zwei Black Boxes
gleichzeitig verbirgt: die komplizierte Technik und das psychi-
sche System des Nutzers.

Das funktioniert bei Autos schon lange sehr gut, aber heute
beobachten wir das eben auch bei der Black Box Computer.
Denn das Wissen, was in ihm vorgeht, ist unwichtig für das
Verständnis seiner sozialen Funktion. Die Frage, wie ein Computer technisch funktioniert, hat also nichts mit der Frage zu
tun, was er gesellschaftlich bedeutet. Man kann das eine verstehen, ohne von dem anderen einen blassen Schimmer zu haben. Wer macht schon noch die Motorhaube auf, wenn der
Wagen auf der Autobahn liegenbleibt. Man kann nicht alles
wissen, und irgendwo muß mit den Details Schluß sein. Das ist
kein Praxisdefizit, sondern notwendige grobe Körnung. Wenn
man den Computer als Medium verstehen will, hilft es nichts,
ihn aufzuschrauben.

Das Gebrauchen ist also längst nicht mehr souverän und
selbstverständlich. Wir alle leben in der freiwilligen Knecht-
schaft der User. Weniger poetisch formuliert: Man unterwirft
sich dem, was man nicht versteht, um es zu gebrauchen. Wie in
den Welten von Wirtschaft und Politik muß man heute auch in
der technischen Gegenständlichkeit Verstehen durch Einverständnis ersetzen.

Wer sich also für den Computer als Kommunikationsmedium interessiert, kann die Hacker und Tüftler getrost vergessen. Aber auch in der Innenwelt der Software deuten längst
alle Zeichen auf Einfachheit und grobe Körnung. Die neue
Software-Ästhetik zwingt uns nicht mehr, Regeln zu lernen,
sondern läßt uns Umwelten erforschen.

Ein benutzerfreundlicher Computer läßt mich vergessen,
daß ich es mit einem Rechner zu tun habe; sein Interface-Design schirmt mich ab gegen die Technologie des Digitalen. Im
Klartext heißt das eben: So wie man sein ganzes Leben Auto
fahren kann, ohne auch nur ein einziges Mal unter die Motorhaube schauen zu müssen, so kann man sein ganzes Leben am

Computer arbeiten, ohne auch nur ein einziges Mal unter die Benutzeroberfläche schauen zu müssen. Benutzerfreundlichkeit ist also genau das, was der Soziologe Helmut Schelsky einmal als *Vertrautheitsselbsttäuschung* bezeichnet hat: Funktionelle Einfachheit bei struktureller Komplexität – leicht zu bedienen, aber schwer zu verstehen. Die Intelligenz der Produkte besteht gerade darin, den Abgrund des Nichtverstehens zu verdecken. So löst sich das Gebrauchen vom Verstehen ab. Wer heute von intelligentem Design spricht, meint, daß der Gebrauch eines Geräts selbsterklärend ist. Doch diese Erklärung führt nicht zum technischen Verständnis, sondern zum reibungslosen Funktionieren.

Auf der Benutzeroberfläche alltäglicher Computer werden mittlerweile nicht nur Tools, Werkzeuge, angeboten, die Routineleistungen automatisieren, sondern auch sogenannte Knowbots. Das Kunstwort ist aus Knowledge (Wissen) und Robot zusammengesetzt. Gemeint sind Software-Agenten, die spezifisch menschliche Intelligenzleistungen simulieren. Dieses Software-Design von Wissen droht nicht nur Sekretärinnen, sondern auch mittlere Manager überflüssig zu machen. Und in der Tat ist der unaufhaltsame Vormarsch der Computer auf allen Ebenen der Unternehmen eine Art permanenter Turing-Test für Manager: Welchen Teil ihrer Leistung kann man durch Software ersetzen?

Und auch die nächste Stufe in der Entwicklung des Interface-Design zeichnet sich bereits deutlich ab. Das sogenannte „neuromorphic engineering" arbeitet an den Möglichkeiten einer direkten Kontrolle von technischen Artefakten durch absichtliche Hirnaktivitäten. Nur ein direktes Gehirn-Maschine-Interface könnte letztlich den Flaschenhals Mensch – also die ärgerliche Tatsache, daß Bedienungsknöpfe, Tasten und Bildschirme für den Nutzer groß genug sein müssen – überwinden. Es geht im Grunde um Neuroprothesen, die Marshall McLuhans alte Definition der Medien als „extensions of man" technische Wirklichkeit werden lassen.

Das Gehirn selbst soll am Ende diese Neuroprothesen wie Sinnesorgane und nicht mehr wie Werkzeuge behandeln. Ziel der Entwicklung ist also das direkte Gehirn-Maschine-Interface. Biokybernetische Kommunikationssysteme sollen das Zentralnervensystem des Menschen und seinen Computer direkt verschalten, d. h. die Datenflüsse des Gehirns direkt steuern – Stichwort Biochip. „Wireheading" nennt man diese direkte Stimulation von Hirnregionen durch Chipimplantate. Ein ins Gehirn implantierter Computer würde es dann auch ermöglichen, von Gehirn zu Gehirn zu kommunizieren – das war bisher den Engeln des Mittelalters vorbehalten.

13. Werkzeug oder Spielzeug?

Der verständliche Computer ist der unsichtbare Computer; die Anwender sollen von Technologie weitestgehend verschont bleiben. Dieses Konzept hat einen eminent politischen Aspekt. Denn der verständliche, allgegenwärtige, unsichtbare Computer ermöglicht allererst Software für alle. Die wesentliche Aufgabe des Designs besteht also darin, den Nutzern die Schwellenangst zu nehmen. Der Computer ist ein Artefakt, das sich vollständig funktional beschreiben läßt; alle seine Eigenschaften sind organisatorischer Art. Das Verhalten des Computers wird also nur durch die Funktion seiner Komponenten bestimmt. Und solange er funktioniert (!), ist jeder Hinweis auf bestimmte Hardware-Aspekte uninteressant. „Probier's mal aus" ist deshalb immer ein guter Rat.

Bei Techniken, die man leichter benutzen als erklären kann, wird das Spielen zum Königsweg des Verstehens. Das gilt nicht nur für Computer, sondern auch für digitale Fotoapparate und Handys. Sind das Werkzeuge oder Spielzeuge? Doch die Frage ist falsch gestellt. Man muß diese Medientechnologien spielend erkunden, um ihr instrumentelles Potential zu erkennen. Es handelt sich also um ein Steigerungsverhältnis zwischen „tool" und „toy", Werkzeug und Spielzeug.

Deshalb finden sich Kinder in der neuen Medienwirklichkeit auch so leicht zurecht. Das Buch begünstigt die Bildung des Erwachsenen, der Computer begünstigt das Lernen der Kinder. Sie spüren sofort, daß im großen Spektrum von Kommunikationstechnologie bis Unterhaltungselektronik Rauschmittel, Fetische und Spiele verkauft werden, nicht Werkzeuge. Spielen ist also der Königsweg in die digitale Welt. Medienkompetenz gewinnt man nicht durch die Lektüre von Gebrauchsanweisungen, sondern durch den Spaß am Programm. Jedes Erfolgserlebnis markiert eine überschrittene Schwelle in der Mensch-Computer-Interaktion: „Das habe ich gemacht!" Ausgangspunkt für eine erfolgreiche Expedition in den Cyberspace ist nicht der Nutzen des Werkzeugs Computer zur Lösung schon bekannter Aufgaben, sondern die Begeisterung über neue, ungeahnte Möglichkeiten der Gestaltung. Und je tiefer man in diesen Möglichkeitsraum eindringt, desto ununterscheidbarer werden Arbeitsplatz und Spielplatz. Nur wer mit dem Computer zu spielen weiß, weiß ihn auch als Werkzeug optimal zu nutzen – und das dann mit Spaß.

Nietzsche hat einmal gesagt: *Unser Schreibzeug arbeitet mit an unseren Gedanken.* Wenn das zutrifft, dann hat der spielerische Umgang mit Computern eminente Folgen für die Organisation unserer Arbeit. Man arbeitet nämlich mit dem Computer, weil er da ist. Die Funktionslust und die Auslöserwirkung des Geräts führen dazu, daß wir im Umgang mit Computern beginnen, diejenigen Aufgaben zu bevorzugen, die sich mit Computern lösen lassen. Und es ist der Geist der Mathematik, der hier von uns Besitz ergreift.

Die neuen computergestützten Medien sind Technologien, in denen sich eine rigorose Mathematisierung der Welt vollzieht. Wort und alphabetische Notation verlieren an Bedeutung, und an die Stelle des Literarischen tritt das Numerische. Computer, so bemerkt George Steiner einmal, *entwickeln nichtverbale Methoden und Konfigurationen des Denkens, der Entscheidungsfindung, sogar, so ist zu argwöhnen, ästhetischer Wahrnehmung. Sie bringen eine neue Art des Gelehrtentums hervor, ein Gelehrtentum der Jungen und der ganz Jungen, die recht flexibel vor- oder anti-literarisch eingestellt sind.*

Aber es ist ein ganz besonderer Geist der Mathematik, der mit dem Computer Einzug in unsere Kultur hält. Der Computer hat die Mathematik nämlich zur experimentellen Wissenschaft gemacht und damit ganz neue Zugänge zum Problem der Weltkomplexität eröffnet. Nicht der zählende Mensch, aber auch nicht die reine Mathematik, sondern nur der Computer ermöglicht es, von komplexen Ausgangsbedingungen ausgehend die Wechselwirkungen einer großen Zahl von Variablen zu berechnen. Er hat die Leistungen der Intelligenz aus dem Platonischen Ideenhimmel in die empirische Welt von Maschinenprozessen übertragen. Neuere Wissenschaften wie die Kognitionswissenschaft informationsprozessierender Systeme, die transformationale Linguistik oder die Chaostheorie konnten bekanntlich nur deshalb entstehen, weil der Digitalcomputer erfunden wurde.

***

Zahlreiche Science-Fiction-Filme beziehen ihre Spannung aus der Frage, ob Menschen irgendwann einmal Maschinen gegenüberstehen werden, die sie nicht selbst entworfen haben. Daß das prinzipiell möglich ist, weiß man, seit John von Neumann eine sich selbst reproduzierende Maschine skizziert hat. Das Grundkonzept ist einfach: Man konstruiert eine Maschine, die nicht nur aus einem klassischen, physische Arbeit verrichtenden Teil und einem mechanischen Gehirn zusammengesetzt ist, sondern auch noch einen algorithmischen Schwanz hat. Dieser Schwanz enthält eine mathematisch-logische Beschreibung des gesamten Mechanismus. Das mechanische Gehirn übersetzt den Algorithmus in Instruktionen, die dann vom klassischen Teil der Maschine ausgeführt werden. Damit reproduziert sich die Maschine aber auch selbst. Nun muß man dem algorithmischen Schwanz nur noch Zufallselemente einfügen, um beim Bau der neuen Maschinen zu unvorhersehbaren Variationen zu gelangen. Was so entsteht, hat kein Mensch entworfen.

Tatsächlich ist die Welt des Computers schon heute selbstbezüglich geworden: Computer designen, testen und programmieren Computer. John von Neumanns Traum von der Maschine, die sich selbst reproduziert, ist seiner Verwirklichung also schon sehr nahe gekommen.

Wenn aber Maschinen über eine mathematisch-logische Beschreibung ihres eigenen Mechanismus verfügen können, dann können sie auch die Effekte ihres eigenen Operierens beobachten und daraus „lernen". Die lernende Maschine hat sich selbst zum Gegenstand; sie beobachtet die Ergebnisse des

eigenen Verhaltens und kann so die eigenen Programme modi-
fizieren. Deshalb ist so etwas wie „Selbstreflexion" bei Robotern durchaus möglich, wenn man ihnen ein Modell ihrer eigenen Operationen zur Steuerung dieser Operationen einkon-
struiert; ähnlich wie sie ein Weltmodell brauchen, um überhaupt erfolgreich in „ihrer Welt" (z.B. aus Lego-Bausteinen)
operieren zu können.

Die Fähigkeiten von Mensch und Computer sind sehr ge-
gensätzlich verteilt. In dem Leistungskontinuum Handeln –
Wahrnehmen – Denken – Rechnen liegen die Stärken des Menschen am Pol des Handelns; die Stärken des Computers liegen
dagegen am Pol des Rechnens. Was Menschen gut können, können Computer nur schlecht – und umgekehrt! Abstrakte Denk-
prozesse bereiten der künstlichen Intelligenz also weniger
Schwierigkeiten als die Modellierung alltäglicher Fähigkeiten.

Etwas scheinbar so Einfaches wie zum Beispiel „Sehen"
läßt sich nur durch das Zusammenspiel einer Vielzahl unter-
schiedlicher Prozesse implementieren. Geschicklichkeiten
kann man nicht ausdrücklich formulieren oder gar definieren.
Sie werden parallel prozessiert und verlaufen unbewußt, also
ohne zentrale Kontrolle. Hier und nicht im Denken liegt das
große Problem der künstlichen Intelligenz. Immer wieder
scheitert sie an der technischen Implementierung des gesun-
den Menschenverstandes. Der Umgang mit Alltagsproblemen
unter Bedingungen der Unsicherheit scheint rätselhafter als
Hegels Große Logik.

Es geht für die Künstliche Intelligenz also darum, den
Schritt vom Schachbrett zum Fußballplatz zu wagen, d.h. von
der bloßen Symbolmanipulation zum Zusammenspiel von
Wahrnehmung und Verstand. Die kommunikationsunbedürf-
tige Koordination von frei beweglichen Körpern zu simulieren
ist nämlich eine unendlich viel komplexere Aufgabe als das
Durchrechnen möglicher Stellungen auf dem Schachbrett.
Deshalb spricht man heute vielfach schon von post-algorith-
mischen Computern, ja sogar von organischem Rechnen. Was
auch immer im einzelnen damit gemeint sein mag – in jedem
Fall soll eine konnektionistische Wende von der Artificial Intelligence zum Artificial Life markiert werden.

Das ist die entscheidende Differenz, die alle bisherige Informatik von der neuen Robotik trennt: Es geht darum, Systeme auf Aktivität statt auf Funktion hin zu betrachten. Man denkt nun also ganz anders über das Denken. Kognition wird nicht mehr als Problemlösung, sondern als Inszenierung, als verkörpertes Handeln verstanden. Das gilt vor allem für die Arbeit an komplexen Systemen ohne menschliche Kontrolle. Entscheidend ist dabei, daß an die Stelle zentraler Fernsteuerung nun die Kommunikation zwischen den Elementen der Roboter tritt. Ihr künstliches Leben beginnt nicht mit Schachpartien, sondern eher mit einem insektenartigen Verhalten, also lokalen Reaktionen auf die Umwelt.

„Maschine" ist eigentlich ein unglücklicher Begriff für nicht-triviale Maschinen. Jeder Mensch denkt bei dem Wort „Maschine" ja automatisch (!) an triviale Maschinen, die dadurch charakterisiert sind, daß sie ihr Verhältnis zur Außenwelt nicht regulieren können. Autos zum Beispiel. Der Roboter dagegen ist als autonomes kybernetisches System gerade auch in dieser Hinsicht nicht trivial. Er steht für das Autonomwerden des Computers und „verkörpert" eine operative Intelligenz ohne Menschen. Und um sich davon zu überzeugen, muß man nicht mehr in Science-Fiction-Filme gehen. Längst kennt die militärische Realität „smart bombs" oder Panzer ohne Besatzung.

Roboter können also denken und handeln; doch können sie auch fühlen? Erst Gefühle würden sie ja zu Partnern des Menschen machen. Nun gibt es in der Tat Versuche, Programme zu schreiben, die eine Simulation emotionaler Effekte ermöglichen. Und das ist gerade deshalb nicht aussichtslos, weil wir uns über unsere Gefühle ohnehin nicht analytisch klarwerden können. Wir haben Gefühle immer nur als inszenierte, in Situationen, gehalten von „frames" – und die lassen sich beschreiben. Gerade daraus folgt aber, daß Signale über den inneren Zustand des Roboters, z. B. Warnsignale, genau wie Gefühle funktionieren können. Die Antwort lautet also: Roboter können ein funktionales Äquivalent für Gefühl haben.

Es geht letztlich gar nicht um die Frage, ob Maschinen Geist und Gefühl haben, sondern ob wir sie ihnen zuschreiben müssen. Wir müssen ja auch Menschen Geist, Gefühl und Freiheit zuschreiben, um mit ihnen kooperieren zu können. Und Maschinen Bewußtsein zuzuschreiben wird für Menschen gefühlsmäßig immer leichter, weil das Ausmaß der Reflexion im Mechanismus immer mehr anwächst. Die durch Feedbackschleifen implementierte Reaktionsfähigkeit der Maschine empfinden wir als Lebendigkeit. Und das genügt zumeist, um die Erwartung emotionaler Zuwendung zu erfüllen. Auf dem sozialen Feld, das sich hier auftut, wird man wohl die wichtigsten Anwendungen der Robotik erwarten dürfen. Die leitende Frage lautet ganz einfach: Wie weit kann man menschliche Dienstleistungen durch Roboter ersetzen? Als Industrieroboter und Expertensysteme haben sie ja längst ihren festen Platz im Wirtschaftsleben. Doch nun übernehmen die Roboter nach Symbolanalyse und Routine auch noch die Fürsorge. Und zwar nicht nur in der Gestalt von Pflegerobotern im Krankenhaus. Ein immer mehr wachsender Markt der Sorge wird dafür sorgen, daß das Pflegen von Robotern zur alltäglichen Beschäftigung derer wird, die niemanden (mehr) haben, um den sie sich sorgen könnten. Um Roboter kann man sich „sorgen" – und der Roboterhund, den Sony ja schon gebaut hat, hat jedem realen Hund gegenüber den unschätzbaren Vorteil, daß seine Pflegebedürftigkeit berechenbar ist.

Der virtuelle Bruder des Roboters im Cyberspace ist der Avatar. Er hilft dabei, die Kreatürlichkeit des menschlichen Körpers erfolgreich zu verdrängen. Unter Computerfreaks heißt der Körper nicht umsonst verächtlich Wetware – ein Wassersack, der beim Navigieren in virtuellen Welten nur stört. Und in der Tat ist in der virtuellen Realität das Alter des Körpers so unwichtig wie sein Geschlecht. In virtuellen Welten kann jeder Versionen seines Selbst entwerfen. „Self fashioning", wie die Amerikaner sagen. Leben als Romanfigur, Ästhetisierung der Wirklichkeit, verwirklichte Kunst – der Cyberspace macht das technisch möglich.

Von den Göttern der alten Griechen weiß man, daß sie auf die Erde herabstiegen und sich dort nach Belieben einen Körper aussuchten. Die hinduistische Variante dieser Verkörperung des Göttlichen ist heute wieder aktuell geworden – im Virtuellen. Der Avatar ist eigentlich die Epiphanie der Hindugötter, also die menschenähnliche Gestalt, in der sie auf der Erde erscheinen. Im Jargon der Multimedia-Gesellschaft bezeichnet der Begriff den virtuellen Auftritt eines Kommunikationspartners im Cyberspace. Wie die Götter in die Welt, so steigen die Menschen in den Cyberspace hinab, um sich dort einen schönen Körper auszusuchen. Es geht also um die Möglichkeit, sich in einer virtuellen Realität zu maskieren, zu tarnen und aufzuputzen. Das ist das Geheimnis des Ritualzaubers primitiver Stammeskulturen – aber auch das Geheimnis der Mode.

14. Kommunikation
um der Kommunikation willen

Die uns durch Presse und Fernsehen vertrauten Formen der Massenkommunikation schließen jede Interaktion aus. Dagegen formiert sich das Internet als Infrastruktur einer interaktiven Weltkommunikation. Das ist möglich, weil wir heute Anwesenheit durch kommunikative Erreichbarkeit ersetzen. Für eine Kultur, die sich selbst mit Begriffen wie „Informationsgesellschaft" beschreibt, steckt hier aber ein massives Problem. Denn je interaktiver ein Medium ist, desto marginaler wird die Information. Die Botschaft lautet im Extremfall nur noch: Wir kommunizieren. Marketingexperten haben dafür schon einen neuen, eleganten Begriff gefunden: linking value.

Dieser soziale Mehrwert des Linking macht deutlich, daß den Menschen die Beteiligung an Kommunikation wichtiger ist als die Information. Und häufig genug trifft man auf den Grenzwert dieser Marginalisierung von Information: Kommunikation kommuniziert Kommunizieren. Reden wir miteinander. Kommunikationsverhältnisse sind offenbar erklärungs- und begründungsunbedürftig. Diesen Eindruck gewinnt man jedenfalls, wenn man als Außenstehender heute den Chat im Netz, früher die Fans des CB-Funks, aber auch ganz alltägliche Telefonie beobachtet – es funktioniert, man kommuniziert. Es geht vor allem um die Lust an der Fortsetzung, um das Glück der Anschließbarkeit, also um das, was der Anthropologe Lionel Tiger *sociopleasure* genannt hat. Und Kulturanthropologen wußten schon immer, daß Kommunikationsspiele die vollkommene Entlastung sind.

Alle Medien bieten das, was Donald Horton und Richard Wohl para-soziale Interaktion genannt haben – das gilt für die

Soap im Fernsehen genau so wie für den Chat-Room im Internet. Die neuen digitalen Medien ermöglichen aber in einem bisher ungekannten Maße eine Selbstselektion der Interaktionen. Man kann selbst wählen, mit wem man interagiert. Doch dieses Stück konkreter Freiheit hat seinen Preis: Man tendiert dazu, sich nur noch mit Leuten zu beschäftigen, die ähnlich denken und fühlen. Das führt einerseits zu lokaler Harmonie, andererseits aber auch zu globaler Polarisierung. Die para-soziale Interaktion im Internet kann also niemals so fundamental für die moderne Gesellschaft werden wie es die durch körperliche Anwesenheit geprägte Interaktion für die archischen Gesellschaften war – und wie es die Schrift für die Hochkultur war.

Interaktivität wird von den Propagandisten der neuen Medienwelt gerne als Gegenbegriff zu Manipulation benutzt – und zwar mit der Suggestion von Freiheit. Das ist aber trügerisch. Angesichts unbeantwortbarer Kommunikation – etwa beim Fernsehen – bleibt ja immer noch die Möglichkeit der Ablehnung. Interaktivität aber zwingt zur Selbstbindung und zur Übernahme der Selektionen anderer.

In ihrem Entwurf einer Psychophysik der Hypermedien gehen Peter Michael Fischer und Heinz Mandl davon aus, daß „hyper-" den Unterschied zu passiven Multimedia-Anwendungen markieren soll: die Virtualität des Mediums, d.h. die Tiefe der Information und die Wahlfreiheit des Anwenders. Die Information von Hypermedien ist demnach immer das Produkt einer Interpretation; sie ist interaktiv. Und interaktive Medien fordern die Erforschung eines Datenraums – gerade das läßt sich ja in der Tat von den Video-Spielen lernen.

Doch die Darstellung von Fischer und Mandl hat einen blinden Fleck. Die meisten Computernutzer besitzen nämlich phantastische Software – und suchen nach den Problemen, die sie damit lösen könnten. Das Internet stellt eine gewaltige Schatzkammer von Antworten dar – aber uns fehlen die richtigen Fragen. Das ist die alltägliche verkehrte Welt, über die uns das Marketing der Computerfirmen mit dem Zauberwort Interaktivität hinwegtäuschen will.

Der interaktive Internetsurfer war lange Zeit das strahlende

Gegenbild zum degenerierten Couch Potatoe vor dem Fernsehschirm. Doch das Bild hat einen Schönheitsfehler. Interaktivität ist nämlich die Zumutung, ständig aktiv zu kommunizieren, ja konstruktiv zu gestalten. Dahinter steckt die Marketingfiktion vom souveränen, nimmermüden Kunden, der weiß, was er will. Aber schon das, was sich hinter den meisten Interaktivitätsangeboten faktisch verbirgt, nämlich die Möglichkeit der Auswahl aus vorgefertigten Alternativen (Multiple Choice), lehrt etwas ganz anderes: Wir können sagen, was uns nicht paßt oder langweilt, aber meistens nicht, was wir wollen und wie es besser sein könnte. Interaktivität ist ein Fetisch der neuen Medienwelt.

Beim Fernsehen scheint die Sache klar zu sein: Die Fernbedienung ist Zauberstab und Waffe der Kritik zugleich – mehr braucht man nicht. Wer will schon während eines Championsleaguespiels zwischen verschiedenen Kameraeinstellungen wählen oder gar zwischen tragischem und Happy End des Liebesfilms entscheiden? Service und Bequemlichkeit fordern doch etwas ganz anderes. Man will bedient und nicht mit der Wahl gequält werden.

Und damit sind wir beim Webcasting, also der neuen Synthese von Fernsehen und Internet. Die passive Tätigkeit Fernsehen wird hier zum Modell des Umgangs mit der digitalen Datenfülle. Man hat begriffen, daß der „freie Zugang" zu den Daten, die Fülle der Optionen und die Designfreiheit des Nutzers nicht nur verlockend und faszinierend, sondern auch anstrengend und desorientierend sind. Da bringt Webcasting die gewünschte Entlastung; ich muß nicht suchen, was mich interessieren könnte, sondern empfange maßgeschneiderte Daten-Sendungen aus dem Netz. Die Arbeit der Interaktivität überläßt das Webcasting also meinen Dienern, den Software-Robotern. Und ganz nebenbei umgeht der passive Internet-Zuschauer auch noch das ärgerliche Paradox des Wissens, daß wir nämlich schon wissen müssen, was wir wissen wollen, bevor wir danach suchen können.

„Bots" nennt man die Softwareäquivalente von Robotern, die stellvertretend für uns als Agenten im Internet kommunizieren, suchen und verhandeln. Zu diesen neue Agenten zählen wir die anpassungsfähigen Avatare, die Trusted Third Parties und die vielfältigen virtuellen Gemeinschaften. In all diesen Fällen haben wir es mit einer Art digitalem Cloning von Interaktivität zu tun. Und das wäre eine durchaus robuste Definition: Agenten sind digitale Klone von menschlicher Interaktion. Sie müssen also im Gegensatz zu bloßen Expertensystemen auch soziale Intelligenz entwickeln. Und daß diese Agenten soziale Intelligenz beweisen, heißt für den Nutzer natürlich vor allem, daß sie ihn vor unbearbeitbarer Komplexität schützen.

*****

Wer die neuen, computergestützten Medien als Kommunikationsmedien verstehen will, wird sich zunächst an Claude Shannons Mathematical Theory of Communication halten. Eine mathematische Theorie der Kommunikation kann nicht zwischen Sinn und Unsinn unterscheiden. Es geht allein um den Transfer von Information. Mathematisch betrachtet zielt Kommunikation denn auch nicht auf Übereinstimmung. Diese Perspektive ist für unseren Zusammenhang insofern wichtig, als sie uns vor dem Vorurteil bewahrt, jede Technisierung würde menschliche Kommunikation deformieren. Die Geschichte der Medien zeigt, daß gerade die Entwicklung technischer Medien die Intensität und Anschlußfähigkeit menschlichen Kommunizierens erheblich gesteigert hat.

Im Gegensatz zur mündlichen, direkten Rede machen gerade die Massenmedien deutlich, daß Kommunikation den Unterschied von Information und Mitteilung voraussetzt; und sie machen uns bewußt, daß sowohl die Mitteilung als auch die Information jeweils auch anders möglich gewesen wären. Der Soziologe Niklas Luhmann hat für diesen Sachverhalt ein prägnantes Bild gefunden: *Einmal in Kommunikation verstrickt, kommt man nie wieder ins Paradies der einfachen Seelen zurück.*

Information bildet sich im Wahlakt einer Selektion, die dann als Anregung in den Kommunikationsprozeß eingeht; und eben dieser Selektionsvorschlag ist die Mitteilung. Kommunikation verarbeitet also Selektionen. Diesen rein statisti-

schen Ansatz hat Claude Shannons mathematische Kommuni-
kationstheorie erstmals systematisch ausgearbeitet. Information ist demnach das Maß der Wahlfreiheit bei der Auswahl einer Botschaft. Die Auswahl der Symbole ist von Wahrscheinlichkeiten gesteuert, und diese Wahrscheinlichkeiten hängen
von den jeweils vorhergehenden Wahlakten ab.

Philosophen bringen hier immer wieder den Einwand vor,
für den Computer hätten die codierten und gespeicherten Daten gar nicht den Charakter von Information. Information sei
erst durch menschliche Interpretation der Daten zu gewinnen.
So hat etwa John Searle auf die Zweideutigkeit des Daten-
begriffs hingewiesen, der darin begründet sei, daß der Computer zwar eine Syntax, aber keine Semantik habe. Gerade deshalb aber klammert Claude Shannons mathematische Kom-
munikationstheorie die semantische Dimension des Kommu-
nizierten systematisch aus. Die Semantik der Kommunikation
ist für die Technik der Datenverarbeitung irrelevant. Es
kommt also darauf an, Information nicht mit Bedeutung zu
verwechseln. Datenverarbeitung ist kein Kapitel der Sprach-
theorie.

Die mathematische Analyse der Information läßt sich also
nicht von der Dimension der Bedeutung beirren. Man könnte
geradezu von einer Unschärferelation zwischen Information
und Bedeutung sprechen. Shannon hat nachdrücklich betont,
daß der semantische Aspekt der Kommunikation für den In-
genieur der Medien völlig unwichtig ist. Mathematisch betrachtet, wird nicht Bedeutung von Bewußtsein zu Bewußtsein
übertragen, sondern Kommunikation durch Kommunikation
erzeugt.

Offenbar ist es für die Medien keine vorrangige Frage, was
denn eigentlich mitgeteilt werden solle. Begreift man nun Medium als Mittel der Mitteilung, so erweist sich dieser Begriff als
bloße Mystifikation. Alle Übertragungsmetaphern sind für
eine Medientheorie ungeeignet, denn sie unterstellen einen
Absender, eine Gabe und einen Empfänger. Was aber vor allem Massenmedien verbreiten, ist eher Redundanz als Information.

Medien faszinieren das Bewußtsein. Das hat zur Folge, daß

für uns die Wahrnehmung von Kommunikation einen ganz selbstverständlichen Vorrang vor anderen Wahrnehmungen hat. Deshalb ist es aber für eine moderne Kultur charakteristisch, daß Kommunikationswahrnehmung immer mehr an die Stelle der Weltwahrnehmung tritt. Oder anders gesagt: Was Welt ist, erfahren wir aus den Medien. Was sich heute der Wahrnehmung überhaupt darbietet, ist immer schon durch den Filter der Medien gegangen. Selektionen setzen immer schon Selektionen voraus; Umwelt ist immer vortypisiert.

„Understanding Media" hieß einmal ein berühmtes Buch Herbert Marshall McLuhans – die Medien verstehen. Diese Forderung ist unverjährt. Um zu verstehen, was hier geschieht, muß man von der vor allem in Deutschland so verbreiteten technikfeindlichen Romantik der Unmittelbarkeit Abschied nehmen. Das persönliche Gespräch funktioniert nicht besser als eine Telekonferenz. Im Gegenteil, je technischer die Kommunikation ist, desto sicherer schreitet sie fort. Das Geheimnis erfolgreicher Kommunikation ist deshalb nicht Konsensfähigkeit, sondern Medientraining. Der kategorische Imperativ des Medienzeitalters lautet demnach: Kommuniziere so, daß andere anschließen können.

Wie beim Skifahren ist es auch beim Surfen so, daß man nicht an ein Ziel kommen, sondern die Fahrt genießen will. Deshalb ist die Metapher vom Surfer im Internet gut gewählt. Denn es geht hier gar nicht primär um Information und Wissen. Wir genießen uns selbst, indem wir unsere Sinne in den Medien baden. Wenn Menschen im Internet surfen, geht es ihnen also nicht vorrangig darum, Informationen aufzunehmen oder auszutauschen. Sie wollen gerade in der Redundanz der Botschaft „mitschwingen", oben auf der Welle bleiben. Es geht nicht um Information, sondern um Faszination.

Marshall McLuhan genügte vor Jahrzehnten noch die Elektrifizierung der Erde, die weltweite Diffusion der Medien, um uns ein elektronisches Weltdorf zu verheißen. Und am Ende des 20. Jahrhunderts verkündete der demokratische Präsidentschaftskandidat Al Gore geradezu regierungsoffiziell ein „neues Athen". Neue Medien funktionieren offenbar wie ein Rorschach-Test: Jeder projiziert seine Wünsche und Ängste hinein.

Unter humanistisch gebildeten Menschen überwogen lange
Zeit noch die düsteren Visionen von der Sintflut der Bilder,
vom Zerfall der Kultur – es geht rasend schnell auf den Untergang des Abendlandes zu. Doch dieser Pessimismus hat seine
beste Zeit schon hinter sich. Heute mehren sich statt dessen
die Heilsversprechen, die das Pfingstwunder des Internet an-
kündigen; alle Menschen werden Brüder im Netz. Das technische Netzwerk nährt das soziale Phantom der Gemeinschaft.
Und schon verklärt sich das Internet als Soziallabor, elektronisches Rathaus und virtuelles Parlament. Von der politischen
Aufklärungsutopie zur Mystik der Vernetzung ist dann nur
noch ein Schritt. New-Age- und Gaia-Träumer verheißen die
Spiritualität des Cyberspace und zelebrieren Weltkommunikation als Religion.

Kein Zweifel: diese Rhetorik des Optimismus hat ihr tech-
nologisches Fundament. Fortschritt als Steigerung hat es zwar
nicht bei Menschen gegeben, wohl aber bei Kommunikationen. Man kann es auch so sagen: Kommunikation in die Ferne
gelingt immer besser – Nahkommunikation wird immer
schwieriger.

Die wichtigste Unterscheidung für die Profilierung unseres
Themas ist hier die zwischen Information und Kommunikation. Was haben Diplomatie, Talkshows und das protestanti-
sche „Reden wir miteinander" gemeinsam? Wichtiger als die
Information ist die Beteiligung an Kommunikation. Klassisch
kultivierte Menschen passen nicht in diese neue Medienwirklichkeit. Was hier statt dessen aufblüht, ist die Kommunika-
tionsfähigkeit, und zwar in doppelter Gestalt: als Produktiv-
kraft Kommunikation und als kommunikative Lust. Und wer
zu dieser Lust keine Lust hat, erfährt sie als Glückszwangsan-
gebot.

Gerade Intellektuelle und Geschäftsleute übersehen leicht
den wichtigsten Faktor der neuen Medienwelt: die Kommuni-
kationslust. Zu Luthers und Gutenbergs Zeiten hat die Religion von Kult auf Kommunikation umgestellt. Heute haben
wir eine interessante Ersatzreligion: Kommunikation als Kult.
Und nicht nur im Internet. Auch Politik hebt sich in Rhetorik
auf; von Kirchenmännern hört man nur noch „Reden wir dar-

über"; Talkshows verwirklichen die romantische Utopie vom
unendlichen Gespräch.

Das Internet, aber auch alte Medien wie das Fernsehen präsentieren Information als Fetisch und Kommunikation als
Kult – man denke nur an Talkshows und Chatrooms. Nicht
was, sondern daß geredet wird, zählt. Kommunikative Lust
hat mit Information nur wenig zu tun. Es geht um Geschwätz,
Dabeisein – „Hallo, ich bin's ..." Kein Mensch strebt, Aristoteles zum Trotz, von Natur aus nach Wissen. Und außer eini-
gen Geschäftsleuten und Wissenschaftlern will auch niemand
ständig Informationen abrufen. Informationen verunsichern
nämlich.

Kommunikationen dagegen verleihen Sicherheit, und zwar
gerade durch das Gegenteil von Information: Redundanz, Resonanz – kurz: Geschwätz. Das ist das Reich der Vorurteile,
Stereotype und Slogans, aus dem wir Orientierung und
Lebenssicherheit beziehen. Gerade mit Clichés nämlich kann
man risikolos an der sozialen Konstruktion der Wirklichkeit
teilnehmen und „Bürgersinn" signalisieren. Der Klatsch heißt
jetzt zwar Chat, aber nach wie vor hat er die Funktion sozialer
Kontrolle und dient dem Management der Reputation. Mit der
schönen Formel von Klaus Thiele-Dohrmann: *Blöße mindert
Größe.*

Durch Klatsch, Tratsch und Agenda Setting helfen Massenmedien der modernen Gesellschaft, Themen für Partner zu
finden. Und umgekehrt findet das Internet Partner für Themen. Wir haben es also nicht mit einer Konkurrenz, sondern
mit einem Ergänzungsverhältnis zwischen den klassischen
Massenmedien und dem World Wide Web zu tun. Deshalb
sind alle kannibalistischen Szenarien unserer Medienland-
schaft unangemessen.

15. Die Logik der Netzwerke

Seit Ferdinand Tönnies die Soziologie mit der Grundunterscheidung Gemeinschaft vs. Gesellschaft neu orientierte, situieren wir alle unsere sozialen Erfahrungen zwischen zwei Polen: hier die Freundschaft, dort die formale Organisation; hier die Stallwärme des Intimen, dort die bürgerliche Kälte der modernen Gesellschaft. Dieses Schema ist zwar sehr grob, aber für unsere Fragestellung doch gut brauchbar, wenn wir (mit Begriffen des Soziologen Mark Granovetter) noch eine weitere Unterscheidung anbringen: „strong ties", also starke Bindungen (Freunde) vs. „weak ties", also schwache Bindungen (Bekannte).

Wir können dann vier Intensitätsgrade sozialer Beziehungen unterscheiden: Intimität – starke Bindungen – schwache Bindungen – Anonymität. Man muß sich das als Kontinuum vorstellen: Formale Organisationen (wie Arbeitsplätze überhaupt) sind ein Wurzelgrund für „weak ties"; diese wiederum tendieren in Netzwerken dazu, sich zu „strong ties" zu verfetten; der Informationsfluß verebbt schließlich in der Intimität, die nur noch aus glücklicher Redundanz besteht.

Alle Netzwerke neigen zur Verfettung, zur redundanten Verdichtung. Überläßt man ein Netzwerk sich selbst, so akkumuliert es redundante Kontakte: Ich lerne die Freunde meiner Freunde, die Kollegen meiner Kollegen kennen. So entsteht ein Klima der Geistesverwandtschaft, das zwar bequem und angenehm ist, aber nichts Neues bringt. Das Netzwerk verdichtet sich, ohne sich zu erweitern – es setzt Speck an. Erst Strukturlöcher eröffnen dann Informationsmöglichkeiten. Wir kommen gleich darauf zurück.

Zwischen den Extremen der kalten formalen Organisation der Mitglieder und der stallwarmen Solidargemeinschaft der

„Brüder" bildet sich heute eine emanzipierte Gemeinschaft von Operatoren heraus, die weder ungesellig noch gesellig sind. So läßt sich die moderne Gesellschaft als Netzwerk hochselektiver Verknüpfungen darstellen, geprägt durch einen vernetzten Individualismus und eine fortschreitende Privatisierung der Geselligkeit. Der Essayist Hans Magnus Enzensberger hat sie als *fluktuierenden Komplex von vernetzten Minderheiten* beschrieben – eine *kopflose*, sich selbst steuernde Gesellschaft. Deshalb gab Enzensberger schon vor Jahrzehnten hellsichtig ein „Kursbuch" heraus, denn in Netzwerken kommt es vor allem auf die Verbindungen an.

Während die Nationalstaaten in der Weltgesellschaft zunehmend an Einfluß verlieren, formiert sich heute ein neues Mittelalter der Netzwerke. Von der Anarchie des Marktes unterscheidet sich ein Netzwerk durch gemeinsame Werte, und von der formalen Hierarchie unterscheidet es sich durch seinen informellen Charakter. Diese negativen Bestimmungen sind mit Sicherheit zutreffend; sehr viel schwieriger aber ist es, positiv zu sagen, wie das Internet unsere soziale Ordnung umstrukturiert.

In Netzwerken zeigen Menschen Eigenschaften, die sie nicht mit Wölfen, sondern mit Insekten vergleichbar machen; hier machen sich die Überlebensvorteile extremer Vernetztheit bemerkbar. Wenn uns also die biologische Evolution den Vergleich des Menschen mit einem Wolf nahelegt, so modelliert uns die soziale Evolution den Menschen als Insekt.

Das Netz der Weltkommunikation verdichtet sich am spektakulärsten dort, wo es sich selbst beim Namen ruft: im Internet. Es tritt mit einem sozialen Anschlußzwang auf, dem sich heute niemand mehr erziehen kann. Ohne Netzadresse gilt man als Irrläufer der Medienevolution. Und unbarmherzig trennt (!) das World Wide Web die Verknüpften von den Nichtverknüpften.

Die Dynamik der vernetzten Gesellschaft ist so stürmisch, daß fast jeder, der sich heute im Internet tummelt, ein Neuling ist. Niemand kann wissen, wohin die Reise geht. Oder anders gesagt: Die Netzwerke „wissen" noch nicht, was Vernetztsein bedeutet. Deshalb gibt es nur Versuch und Irrtum. Zugleich

sind Netzwerke so komplex, daß man sich kaum ein Bild von
ihnen machen kann. Man kann sie leichter benutzen als erklären.
Versuchen wir zunächst einmal, die utopischen Züge der
Internet-Kultur herauszuarbeiten. In offenen Netzen treffen
sich frei assoziierte Individuen – und sie bilden Gesellschaft
als Hypertext, in dem sich jedes Individuum immer wieder neu
„schreiben" kann. Das ist keine einheitliche Kultur, sondern
ein Netzwerk von speziellen Interessen- und Wissensgruppen.
Diese Newsgroups und Communities erinnern oft an das ewige Gespräch der Romantik, das sich um sich selbst dreht. Man
kommuniziert Kommunizieren. Das Netz bezieht sich dann
vor allem auf sich selbst; das Hauptthema des Internets ist das
Internet.

In offenen Netzen gibt es verschiedene Stufen der Anonymität. Die Vorteile liegen auf der Hand: Wenn man anonym
bleiben kann, kann man ohne Gesichtsverlust seine Meinung
ändern. Man kann aber auch Rollen tauschen, ja das Geschlecht wechseln. Das ist das verlockendste Angebot der
Netzkommunikation: Man darf ein anderer sein! Offene Netze
erlauben es mir, mich selbst zu erfinden – immer wieder neu.

Auch die vertrauten Formen sozialer Hierarchie werden
heute immer entschiedener durch eine heterarchische Netz-
werk-Kultur verabschiedet. Das Internet ist heute die Schlüs-
sel-Metapher für spontane soziale Ordnung. Wie wir gerade
gesehen haben, ist das offene Netz längst zur Projektionsflä-
che von Aufklärungsutopien geworden; man spricht von elektronischen Rathäusern und virtuellen Parlamenten. Viel attraktiver aber ist vor allem für die Jugendlichen die Möglichkeit, in den offenen Strukturen des Internet ein Netzwerk der
Minderheiten zu etablieren.

Es ist die große kulturelle Verheißung der Zukunft, daß wir
nach den Etappen der archaischen Stammesgemeinschaft und
der modernen „Entfremdung" nun wieder vor einer neuen
Gemeinschaftsform stehen: der von elektronischen Netzwerken getragenen organisatorischen Nachbarschaft. Die eigentliche Bedeutung der Netzwerke liegt nämlich nicht in der Dimension der Informationsverarbeitung, sondern in der Bildung von Gemeinschaften. Damit verliert die Nation als iden-

titätsbildende Instanz immer mehr an Bedeutung – zugunsten der globalisierenden, aber auch der tribalisierenden Kräfte. Die Netzverdichtung der Weltkommunikation durch technische Medien macht die Gesellschaft übrigens weitgehend unabhängig von der Bevölkerungszahl. In dieser Welt der neuen Medien haben die Avantgardisten für den menschlichen Körper nur die verächtliche Bezeichnung „wetware" übrig; den traditionellen sozialen Raum nennen die Bewohner des Cyberspace despektierlich „meatspace". Und in der Tat werden der Körper und seine Gegenwart für das Funktionieren unserer Gesellschaft immer unwichtiger. Was zählt ist Erreichbarkeit, nicht Anwesenheit; was zählt ist Funktion, nicht Substanz.

So weit die konkrete Utopie. Doch längst gibt es auch skeptische Stimmen aus dem innersten Kreis des Cyberspace, die Zweifel an der Idee des Internet als eines Mediums radikaldemokratischer Kollaboration hegen. Das Netz zeigt immer deutlicher aristokratische Strukturen. So zeichnen einige wenige „Tagebuch"-Schreiber für den Löwenanteil des Datenverkehrs in der Weblog-Welt verantwortlich. Der Grund ist denkbar einfach: Nur wenige Blogs sind wirklich attraktiv – und ziehen dann alle Aufmerksamkeit auf sich.

Hier bestätigt sich das Pareto-Gesetz der unbalancierten Reichtumsverteilung: 20 % der Bevölkerung verfügen über 80 % des Reichtums. Das ist ein Effekt, der sich überall dort einstellt, wo Menschen aus einer Fülle von Möglichkeiten frei wählen können. Clay Shirky hat das auf die Formel gebracht: Vielfalt + Wahlfreiheit = Ungleichheit. 20 % aller Knoten ziehen 80 % aller Links auf sich. Deshalb macht es keinen Sinn, in derartigen Netzwerken nach repräsentativen, d.h. durchschnittlichen Teilnehmern zu suchen. Der Mathematiker Albert-László Barabási nennt sie deshalb skalenfrei. Statistische Mittelwerte sind hier nicht aussagekräftig.

Wo sich Vielfalt, Ungleichheit und Abweichungsverstärkung verkoppeln, stellt sich die schon 1897 von Vilfredo Pareto entdeckte Verteilung ein, die man in einfachster Mathematik durch die Formel $y = 1/x$ darstellen kann. In der einfachsten Sprache der Wirtschaft heißt das: Weniges verkauft sich viel und vieles verkauft sich wenig. Diese Power-Law-Verteilung der Pareto-Regel stellt sich also immer ein, wenn viele Menschen eine Fülle von Möglichkeiten haben, ihre Vorlieben auszudrücken. Das führt zu einer Wirtschaft der Stars – und entsprechend dazu, daß die meisten anderen unterhalb des Durchschnitts rangieren. Hier herrscht die Logik der Abweichungsverstärkung, Popularität wächst durch positives Feedback. Es ist also gerade die Wahlfreiheit der Kunden auf den Märkten, die Stars produziert; denn die Leute wählen, was die Leute wählen.

Barabási hat die Netzwerkknoten, auf die besonders viele Links verweisen, „hubs" genannt. Man kann ihre Prominenz im Internet mit der Stellung von Großflughäfen wie Chicago oder Frankfurt im Netz der Flugrouten vergleichen. Je bekannter sie werden, um so mehr Links verweisen auf sie, um so einfacher sind sie im Netz zu finden – und um so vertrauter werden sie uns. So kleben wir gleichsam an gewissen „hubs". Wer sucht schon nicht mit Google? Und Google weiß, daß die meisten Leute wollen, was die meisten Leute wollen.

Diese Logik der Abweichungsverstärkung führt in der Welt der Weblogs einerseits dazu, daß einige Schreiber immer mehr Leser und Feedback bekommen. Diese Stars der Weblog-Szene können natürlich nicht mehr auf die Unzahl der Kommentare reagieren und kehren damit ironischerweise wieder in die Welt des Broadcasting zurück; denn sie verteilen ja Material an die Vielen, ohne doch noch an der Kommunikation darüber angemessen teilnehmen zu können. Andererseits gibt es immer mehr Weblogs, die nur wenige Leser finden und folglich ein anderes Erfolgskriterium als Popularität brauchen. Der größte Teil der elektronischen Tagebücher wird deshalb ein schriftliches Gespräch unter Freunden sein.

Popularität heißt heute also: viele Links zeigen auf mich. Und weil Popularität attraktiv ist, wird dem, der hat, noch mehr gegeben. Auch Wissenschaftler, die einen neuen Text schreiben, zitieren höchstwahrscheinlich Texte, die schon vielfach zitiert worden sind – und steigern so deren Popularität. Der geneigte Leser mag das an den Zitaten dieses Buches überprüfen!

Alle können sich heute im Netz artikulieren, aber nur von wenigen wird Notiz genommen, nur wenige werden sichtbar. Hier gilt tatsächlich der Satz von Bischof Berkeley: Esse est percipi, Sein heißt Wahrgenommenwerden. Wenn niemand auf meine Webpage verweist, existiere ich praktisch nicht – im Netz. Der Rechtswissenschaftler Tim Wu hat das *exposure culture* genannt: Wahrgenommenwerden ist alles. Sichtbarkeit im Internet ist eine direkte Funktion der auf das eigene Informationsangebot verweisenden Links. Wer den Status des Stars aber nicht erreicht, findet sich im langen Schwanz jener Verteilungskurve wieder, die Pareto entdeckt hat und heute zumeist unter dem Titel Power Law diskutiert wird.

Daß das Internet Ungleichheit produziert und eine Wirtschaft der Stars begünstigt, stellt für alle radikaldemokratischen Utopisten der neuen Medienwelt natürlich eine tiefe narzißtische Kränkung dar. Gibt es keine Möglichkeit, die Tyrannei der Popularität zu brechen? Chris Andersons Theorie des Long Tail liest sich in diesem Zusammenhang wie ein Manifest der Emanzipation vom Mainstream.

The Long Tail ist der lange Schwanz jener Pareto-Verteilung, die Fülle des Unpopulären. Und Anderson versucht zu zeigen, daß unter neuen Medienbedingungen der Umsatz des wenig Populären den Umsatz des Höchstpopulären übertreffen kann. So verkauft Amazon heute mehr Bücher, die gestern nicht verkauft werden konnten (also tendenziell Ladenhüter), als Bücher, die gestern verkauft wurden (also tendenziell Bestseller). Und Netflix verleiht insgesamt mehr unpopuläre Filme als Blockbuster. Ähnliches gilt für iTunes, das Musik wieder in einen Kosmos der Singels verwandelt hat; Mega-Hits und B-Seiten werden gleichermaßen als Einträge in einer Datenbank behandelt. The Long Tail ist also der Markt der unzähligen Nischen und des Minoritätengeschmacks.

Die Ökonomie des Long Tail funktioniert besonders gut in der Welt der digitalen Unterhaltung, die keine physische Lagerhaltung braucht. Hier führt der Online-Handel tatsächlich in eine neue Welt des Überflusses, in der Popularität nicht mehr das Monopol auf Profitabilität hat. Wikipedia aggregiert den Long Tail des Wissens; Linux aggregiert den Long Tail der

Programmierer; MySpace aggregiert den Long Tail des von
den Nutzern selbst produzierten Inhalts, nämlich den sogenannten „user-created content"; iTunes aggregiert den Long
Tail der Musik; Ebay aggregiert den Long Tail der physischen
Güter. Und so fort.
Die digitale Kulturindustrie wird deshalb dreiteilig sein:
Mainstream (Stars) – Long Tail (die Fülle der Nischen) – Underground. Während Long Tail ein Teil der Wirtschaft ist,
heißt Underground, daß es nichts kosten darf. Technisch wird
das ermöglicht durch File-sharing-Systeme, aber auch durch
die phantastische Möglichkeit, sich selbst höchst geschmacks-
individuelle CDs zu brennen. Das File-sharing-System Nap-
ster hat das historische Verdienst, der Musikindustrie erstmals
eine Gegenarchitektur zum kommerziellen Internet vorgeführt zu haben, nämlich das (erst von Gnutella perfektionier-
te) sogenannte „peer-to-peer networking": Millionen von PCs
verwandeln sich in Knoten eines gigantischen Computernetz-
werks, das nicht mehr über zentrale Server geleitet ist. Pirate-
rie leicht gemacht!
Doch auch das Kostenlose hat seine versteckten Kosten,
nämlich psychologische. Wer illegal kopiert, muß sich bei einer
bestimmten Preisschwelle fragen: Lohnt sich das Risiko? Und
wer die Navigationshilfen der Online-Händler nicht nutzt,
muß die Informationskosten zahlen; er verzichtet also auf Bequemlichkeit. Die digitale Kulturindustrie steht nicht mehr im
Zeichen knapper Inhalte, sondern knapper Aufmerksamkeit.

***

Das Grundwort der Internet-Kultur lautet „link", und der spezifische Mehrwert, den die Wirtschaft hier bieten kann, heißt
„linking value". Man könnte dieses Konzept bis zu Vannevar
Bushs Proto-Hypertext „Memex" (1945) zurückverfolgen.
Doch erst Tim Berners-Lee hat das Programm geschrieben
(1980), das es Computern erlaubt, Informationen auszutauschen; er ist der Erfinder der Links, der Urvater des World
Wide Web, in dem man mit einem Mausklick von einer Web-
Page zur anderen gelangen kann.

Netzwerke sind Wettbewerbssysteme, in denen Knoten um Links kämpfen; je mehr Links ein Knoten auf sich ziehen kann, um so überlebensfähiger ist er. Für die Wirtschaft ist der „linking value" gerade als sozialer Mehrwert interessant: Wahlakte der Konsumenten sind in Bindungen eingebettet, die in Netzwerke eingebettet sind. Das erfolgreiche Produkt des 21. Jahrhunderts definiert sich nicht mehr sachlich über seinen Gebrauchswert, sondern sozial über seinen Verknüpfungswert. Mit anderen Worten: Das Produkt ist die Schnittmenge von Kommunikationen, in die es den Kunden verstrickt.

Der soziale Mehrwert der Ware steht deshalb im Zentrum aller Strategien des neuen Marketing – und einige überlegen deshalb schon, ob man nicht besser gleich von „Societing" sprechen sollte. So lautet das Motto der Internet-Wirtschaft: Die Verknüpfung ist wichtiger als das, was verknüpft wird.

1973 veröffentlichte Mark S. Granovetter einen epochemachenden Aufsatz mit dem Titel „The Strength of Weak Ties". Diese scheinbare Paradoxie der Stärke schwacher Bindungen löst sich auf, wenn man bei „Netzwerk" nicht an kleine, wohldefinierte Gruppen denkt, sondern an die Beziehungen zwischen Gruppen. Granovetter ist Soziologe. Deshalb spricht er von „tie", also Bindung, wo Ökonomen von „choice", also Wahl, sprechen würden. Das bestätigt die unterscheidende Beobachtung James Duesenberrys, bei den Ökonomen gehe es immer nur darum, wie Menschen wählen, während uns die Soziologen zeigten, warum wir keine Wahl haben.

Die Stärke einer Bindung bemißt sich nach Zeitaufwand, Gefühlsintensität, Vertrautheit und Wechselseitigkeit. Solche „ties" werden durch Geschichten entwickelt. Mark Granovetter konnte nun zeigen, daß schwache persönliche Bindungen (weak ties) starke kommunikative Bindungen (strong links) sein können. Sie haben nämlich eine höhere Konnektivität. Konkret besteht die Stärke schwacher Bindungen darin, daß Bekannte mehr und wichtigere Informationen bieten als Freunde.

Je mehr Links man hat, desto schwächer sind sie. Jeder weiß, daß man nur wenige echte Freunde haben kann. Je mehr

[Randnotiz links: indirekt proportional]

Verbindungen man pflegt, um so schwächer müssen sie sein. Und wer auf starke Bindungen setzt, muß sich mit wenigen begnügen. Die größte Diffusionskraft liegt bei Leuten, die viele schwache Bindungen pflegen. Einige wenige Superconnectors, also Leute, die sehr viele Leute kennen, verknüpfen uns mit der Welt. Malcom Gladwell charakterisiert diese Superconnectors durch einen *desire to be of service and influence.* Bei den Superconnectors sind die Bindungen so schwach, daß Isolation und totale Vernetzung konvergieren – das ist übrigens auch das Geheimnis der „chat rooms".

Diffusion wird also nicht durch „strong ties", sondern durch „weak ties" gesteigert. Starke Bindungen tendieren zur Cliquenbildung; ihnen fehlen die Strukturlücken, durch die Neues einfließen könnte. „Weak ties" machen neue Informationen zugänglich; „strong ties" verkapseln uns im Vertrauten. „Weak ties" verbinden verschiedene Gruppen; „strong ties" stärken den Zusammenhalt der eigenen Gruppe. Starke Bindungen bieten die Sicherheit kleiner, aus eng verknüpften Kontakten gewebter Netzwerke. Schwache Bindungen eröffnen die Freiheit großer Netzwerke, die aus entflochtenen Kontakten bestehen.

Damit Netzwerke funktionieren, muß ausreichend großes soziales Kapital vorhanden sein. Und hier ist es nun wichtig, mit Robert Putnam zwischen *bonding* und *bridging social capital,* oder eben mit Mark Granovetter zwischen „strong ties" und „weak ties" zu unterscheiden. Die starken Bindungen schließen aus. Sie knüpfen dichte Netzwerke zwischen Verwandten und intimen Freunden. Das stärkt die Ich-Identität und den Zusammenhalt der eigenen Gruppe. Hier herrscht blindes Vertrauen.

Schwache Bindungen dagegen schließen ein. Sie verknüpfen entfernte Bekannte und bilden Informationsnetzwerke. Die Verbreitung von Informationen wird deshalb nicht durch starke Bindungen, sondern gerade durch schwache Bindungen gesteigert. Schwache Bindungen machen neue Informationen zugänglich und verbinden verschiedene Gruppen. Das ethische Zauberwort unserer Zeit, Commitment, meint genau diese überbrückende Kraft sozialen Kapitals.

Handfeste Aktualität und eine neue, überraschende Dynamik gewinnen diese Begriffe heute im Internet. In seinen virtuellen Gemeinschaften wirken „bridging" und „bonding" nämlich gleichzeitig. Das Spektrum dieser virtuellen Gemeinschaften umfaßt die Welten des Konsums, der Produktion und der Sorge. Für alle ist ein wechselseitiges Steigerungsverhältnis zwischen Ähnlichkeit und Interaktion charakteristisch. Damit wächst aber das Ausmaß der Exklusion ebenso wie das der Inklusion. Gerade die neuen Medien verstärken die Interaktion unter „Ähnlichen". Das führt zu lokaler Konvergenz bei gleichzeitiger globaler Polarisierung.

Der Soziologe Harrison C. White hat darauf hingewiesen, daß man die Dynamik des „linking" in Netzwerken nur verstehen kann, wenn man nicht nur auf die Prozesse der Netzverdichtung, sondern auch auf die Prozesse der Auflösung von Verknüpfungen achtet. Linking = embedding + decoupling. Geburt und Tod; Heirat und Scheidung. Wie jede Liebesgeschichte zeigt, heißt, sich mit der einen verbinden, sich von der anderen trennen. Goethe hat das in seinem Roman „Die Wahlverwandtschaften" meisterlich vorgeführt.

Wie Harrison White Netzwerke mit dem Begriffspaar embedding/decoupling beschreibt, so unterscheidet auch Ronald Burt zwischen Verknüpfungen und *disconnections*, d. h. Strukturlücken im Netzwerk. Burts „structural holes" entsprechen genau Granovetters „weak ties". Solche Strukturlücken finden sich immer dann, wenn zwei Individuen das besitzen, was dem jeweils anderen fehlt, seien es nun Informationen oder Ressourcen. In jeder Strukturlücke versteckt sich ein Wettbewerbsvorteil, den ein Unternehmer nutzen kann. Das Genie des Unternehmers besteht also darin, Beziehungen zu sehen, die nur durch ihre Abwesenheit sichtbar sind. Er ist der Dritte, der durch sein Dazwischensein Profit generiert. Man könnte sagen: Strukturlücken in Netzwerken saugen unternehmerisches Handeln an.

„Structural holes" sind Beziehungsunterbrechungen, Beziehungen durch Unterbrechung. Starke Beziehungen haben keine Strukturlücken — man denke etwa an das Verhältnis von Vater und Sohn, an die Intimität der Eheleute, aber auch an

die Vertrautheit der Freunde. Sehr nüchtern heißt es deshalb
bei Ronald Burt: Effizienz verträgt sich schlecht mit Freundschaft. Es sind ja gerade die schwachen Bindungen, die Strukturlücken überbrücken. Und je mehr strukturelle Löcher im
Netzwerk sind, um so wahrscheinlicher wird unternehmerisches Verhalten. Der Unternehmer ist immer der lachende
Dritte, der als Makler vermittelt; er entdeckt und nutzt strukturelle Löcher.

Man kann sich das an einem der erfolgreichsten Unternehmen unserer Zeit ganz leicht klarmachen. Das virtuelle Auktionshaus eBay bietet nichts anderes als „linking" und
„rating", die Verknüpfung und Bewertung von Käufern und
Verkäufern. eBay stellt also lediglich eine Web-site zur Verfügung, auf der man sich treffen und über einen Preis verhandeln
kann, und Filter, die es dem Käufer erleichtern, einen Verkäu-
fer zu finden. Mit anderen Worten: Das Unternehmen siedelt
sich in dem Strukturloch zwischen Käufern und Verkäufern an
und verdient nun durch das bloße Verknüpfen. Hinzu kommt
das Rating: die Macht der Vielen im Filtern und Bewerten. Bevor man bei jemandem kauft, kann man sehen, wie andere ihn
bewertet haben – das „Karma" der Geschäftspartner.

Ähnliches gilt für ein Unternehmen, das einmal als virtuelle
Buchhandlung begonnen hat: Amazon. Auch der Mehrwert,
den Amazon bietet, ist ein „linking value". Sobald man einen
elektronischen Einkauf getätigt hat, erscheint auf dem Bildschirm die Nachricht: „Kunden, die dieses Buch gekauft haben, haben auch gekauft …" So bekommt jeder Kunde Echt-
zeitinformationen über Konsumtrends und findet allmählich
heraus, zu welchen Geschmacks-Clustern er gehört. Folgt man
den Empfehlungen, so kann man praktisch unendlich lange
den Long Tail der Kulturnischen entlang surfen.

Hier sind Algorithmen am Werk, die Empfehlungen erstel-
len, indem sie Muster des Kaufverhaltens abtasten. Mit anderen Worten, ein Computerprogramm identifiziert die Vorlieben derjenigen, die gekauft haben, was man gerade selbst gekauft hat, und produziert so eine Reihe von Empfehlungen,
die dem eigenen Geschmack entsprechen müßten. Der Mehrwert, den Amazon damit bietet, besteht also in einem Marke-

ting der Präferenzen. Die Formel „Leute, die x kaufen, kaufen auch y" funktioniert wie ein Beziehungsgenerator; kollaborative Empfehlungen schaffen ein „affiliation network", das aus Leuten und Büchern (CDs, DVDs usf.) besteht. Indem man ein Buch kauft, wählt man eine neue Gruppe, zu der man gehört. Und je häufiger man kauft, um so besser wird man dem Programm bekannt, das jene Beziehungen verkauft.

Daß endlose Wahlmöglichkeiten eine unbegrenzte Nachfrage schaffen, ist die konkrete Utopie der neuen Internet-Ökonomie. Von Kauf zu Kauf und von Empfehlung zu Empfehlung surfen wir das lange Wellental der Nischenangebote entlang. Doch damit die Wahl nicht zur Qual wird, muß sie standardisiert werden – deshalb das große Interesse an Meta-Sites, Portalen, Suchmaschinen, die uns beim Umgang mit der Überfülle helfen. Das hat Google erkannt und mit dem PageRank-Algorithmus eine elegante Lösung für das Problem der Überfülle gefunden. Alle Web-Seiten entscheiden, welche Seiten für eine bestimmte Suche die wichtigsten sind. Auch das heißt „linking value": Filtern – Sortieren – Verknüpfen.

Und ganz nebenbei hat Google damit die Welt der klassischen Werbung revolutioniert. Das Problem der Werbung durch Broadcasting bestand ja schon immer darin, die Botschaft des jeweiligen Produkts unspezifisch und diffus kommunizieren, also mit Schrot auf Zielgruppen schießen zu müssen. In der Internet-Welt dagegen ist es möglich, Werbebotschaften exakt mit bestimmten Suchanfragen zu korrelieren. Der PageRank-Algorithmus hilft also nicht nur den Kunden, das sie interessierende Angebot zu finden, sondern auch den Produzenten, mit ihrer Werbung die sie besonders interessierenden Kunden, ihre Zielgruppe zu erreichen. Das macht Werbung im Internet nicht nur treffsicher, sondern auch preiswert – man kauft sich einfach in einem automatisierten Auktionsverfahren einige Schlüsselwörter.

***

Wenn man soziale Beziehungen, Geschäftsbeziehungen und Kommunikationsverhältnisse mit der Netzwerk-Metapher modelliert, stellt man von Fundament auf Medium um. Das macht die Dinge zunächst einmal undurchsichtig. Denn die Komplexität der Netzwerke impliziert: Verknüpfungen von Fall zu Fall. Ein Netzwerk ist der Inbegriff nicht der aktuellen, sondern der virtuellen Relationen. Weltkommunikation muß man sich demnach als lose gekoppeltes System vorstellen; die Ereignisse sind nicht logisch, sondern zeitlich miteinander verknüpft. Ereignisse in Netzwerken kann man also nur statistisch erfassen. Derartige nichthierarchische Komplexität ist aber unbeobachtbar. Da bleibt nur die Möglichkeit, auf die Gordon Pask hingewiesen hat: die naturgeschichtliche Beschreibung von Netzwerken. Dabei muß man lernen, daß das Ganze verläßlicher sein kann als die Teile und daß die Perfektion der Teile nicht notwendigerweise das Ganze verbessert.

Im Netzwerk gibt es keine zentrale Kommandostelle, sondern nur jene Verknüpfungen von Fall zu Fall, die aber so ineinander greifen, daß sich ein Ganzes bildet. Bei Netzwerken gibt es nur ein Wissen vom Einzelfall und ein Wissen vom Nächsten, keinen Überblick über das Ganze. Teile des Netzwerks können andere Teile des Netzwerks beobachten – mehr an Überblick gibt es nicht. Jeder Knoten im Netz arbeitet gleichzeitig selbständig für sich und für das Netz. Offene Netze und zumal Netzwerke von Netzwerken bilden keine einheitliche Struktur. Es handelt sich vielmehr um einen Flickenteppich von Teilnetzwerken.

Netzwerke stabilisieren sich über Eigenwerte und sie desintegrieren sich, wenn sie ihren optimalen Komplexitätsgrad überschreiten. Nach Metcalfs Gesetz berechnet sich der Wert eines Netzwerks ganz einfach: $n(n-1)$, wobei n die Zahl der Teilnehmer ist. Das arithmetische Anwachsen der Zahl der Elemente eines Netzwerks führt zu einem geometrischen Anwachsen der Zahl möglicher Beziehungen zwischen den Elementen.

Je größer das Netz, desto größer der Zwang zur Selektion. Dennoch bleibt das World Wide Web auch in Zukunft eine Small World, eine kleine Welt; denn der „Durchmesser" des Netzes steht nur in einer logarithmischen Abhängigkeit zur absoluten Zahl der Webpages. Auch wenn die Zahl der Dokumente des WWW extrem anwächst, wird die Zahl der Mausklicks, die nötig sind, um im Netz zu navigieren, sich nur geringfügig erhöhen.

Die Internet-Kultur besteht in erster Linie in der Pflege des Netzwerks selbst, also eines Angebots von Beziehungen und Verknüpfungsmöglichkeiten. Das ist die Bedeutung der Links auf den Websites des Internet. Techniker können das nur mit Mühe begreifen. Denn je technischer ein Sachverhalt ist, desto unwichtiger ist der Kontext. Aber genau um diesen Kontext geht es in den Lebensstilen und Kommunikationsgewohnheiten der Zukunft. Wenn wir also von sozialem Mehrwert sprechen – im Jargon des Internet heißt er „linking value" –, dann ist das ein deutlicher Hinweis darauf, daß es bei Netzwerken nicht um Besitz, sondern um Zugang geht. Im Internet entsteht Profit durch die Kontrolle des Zugangs: Der Käufer wird Nutzer.

Wer in dieser Welt arbeitet, arbeitet mehr, als er weiß. Jeder, der heute einen Job hat, hat auch einen Zweit-Job, eine Nebentätigkeit. Dieser Zweit-Job ist Kommunikation: *to work the network*. Und im Zeitalter des Internet wird diese Nebentätigkeit, das Netzwerk zu pflegen, immer mehr zur Hauptsache, zur eigentlichen Arbeit. Im Blick auf die Organisation von Unternehmen leuchtet das unmittelbar ein. Wenn Hierarchien durch Netzwerke ersetzt werden, besteht die Aufgabe des Managers darin, die Kommunikationsverhältnisse zu betreuen; er ist nicht mehr der General, sondern der Dirigent – oder der Therapeut.

Digital vernetzte Organisationen lassen sich also nicht mehr sinnvoll in einer Befehlshierarchie darstellen oder als klar abgegrenzte „Körperschaft" identifizieren. Ein Unternehmen ist heute nichts anderes als der Inbegriff seiner internen und äußeren Beziehungen, die im wesentlichen als Informationsprozesse gestaltet sind. In einer Netzwerk-Gesellschaft muß man deshalb Soziologe sein, um ein guter Ökonom zu sein. Auch Märkte sind heute keine Orte mehr, sondern Netzwerke. Und Marktabhängigkeit heißt heute konkret: Netzwerkabhängigkeit.

Interorganisatorische Netzwerke unterlaufen die vertraute
Unterscheidung von Unternehmen und Markt. Immer häufiger kommt es in der vernetzten Welt zu Hybridbildungen und
wechselseitigen Durchdringungen zwischen Markt und Organisation – man denke nur an Joint Ventures oder das Franchi-
sing. Hier handelt es sich nicht mehr um reine Organisations-
strukturen, aber auch nicht um bloße Marktkontrakte, sondern
um eigentümliche Mischgebilde, die für das Wirtschaftsleben
der Zukunft charakteristisch sind. Sie sind rigider, also verläßlicher als der Markt, aber flexibler als die Organisation.

Gunther Teubner hat in diesem Zusammenhang versucht,
einen trennscharfen Begriff des Business-Netzwerks zu entwickeln: *Von Netzwerk sollte man dann und nur dann sprechen, wenn
ein Handlungssystem sich zugleich als formale Organisation und als
Vertragsbeziehung zwischen autonomen Akteuren formiert.* Diese klare, durchaus weiterführende Definition ist allerdings noch zu
sehr auf Handlung fixiert und verliert dabei aus dem Auge, daß
beim neuen Geschäft als Gespräch die nicht weiter auflösbare
Letzteinheit eben Kommunikation ist.

Der Markt als Gespräch – das ist keine Übertreibung eines
Theoretikers, sondern das Selbstverständnis der Internet-
Wirtschaft. So heißt es im sogenannten Cluetrain-Manifest
ausdrücklich: *Markets are conversations.* Die authentische Stimme eines Mitglieds der eigenen Gemeinschaft ist vertrauener-
weckender als das Gedröhne der massenmedialen Werbung;
der Ruhm, der von unten kommt, ist stabiler als die Top-
down-Botschaften von klassischem Marketing und Public Relations. Menschen interessieren sich für Menschen, der einzelne glaubt dem (Netz-)Nachbarn: *Peers trust peers.* All das wird
angetrieben von der Droge Selbstmitteilung, von der Lust, Geschichten zu erzählen und in Gespräche zu verwickeln. So
gleicht das Internet einem Basar, d. h. einem Ort, an dem jeder
zugleich Teilnehmer und Publikum ist.

Der Markt als Gespräch bringt uns nicht das Ende der Mar-
ken. Aber was eine Marke bedeutet, ergibt sich jetzt aus dem
Gespräch des Marktes, aus den Ratings und Rankings, dem
Playlist Sharing der Musikfans, den Kundenkommentaren und
Empfehlungen – mit einem Wort: aus der Konsumöffentlich-

keit des Internet. Dort versammeln sich die Menschen um Themen, die sie interessieren, und entfalten eine neue Kommunikationskultur, die man globale Mundpropaganda nennen könnte. Gerade die Allgegenwart des Marketing läßt die Mundpropaganda heute zur einzig authentischen Form der Überzeugung werden. *An economy of voice. Has there been such a thing since the Athenians talked democracy into existence?*

***

Eine der originellsten Wortschöpfungen, mit denen man versucht hat, unsere Gegenwart auf den Begriff zu bringen, lautet „the Recommendation Age" (Frog Design), das Zeitalter der Empfehlungen. Empfehlungen schlagen Schneisen durch das Dickicht der Informationen. Doch um zu verstehen, unter welchen Bedingungen solche Empfehlungen tatsächlich für den einzelnen wertvoll sein können, muß man zwei höchst unterschiedliche Weisen der Informationsverarbeitung unterscheiden.

Was die Vielen sagen, haben wir in dem Kapitel über „öffentliche Meinung" schon auf den Heideggerschen Begriff des „Man" gebracht: Man sagt … Doch im Blick auf die Informationsverarbeitung im Internet zeigt das Man zwei Gesichter. Es gibt Informationskaskaden – aber auch den Wisdom of Crowds, die Weisheit der Vielen. Informationskaskaden werden in Netzwerktheorien auch unter den Begriffen „Selbstverstärkung" und „Tipping Point" diskutiert. Sie sind dadurch gekennzeichnet, daß sich niemand mehr auf die eigenen, privaten Informationen verläßt; statt dessen vertraut man auf die Informationen derer, sich sich selbst zu vertrauen scheinen und keine Unsicherheit zeigen.

Angst ist fast immer ein Kaskadeneffekt: Man fürchtet sich vor etwas, weil die anderen sich davor fürchten und weil die Medien uns prägnante Beispiele des Ängstigenden vor Augen führen. Wer etwa die Bilder von Kampfhundopfern oder entführten jungen Mädchen gesehen hat, läßt sich kaum noch dazu überreden, seine Befürchtungen seien grundlos. Wenn jemand dem Urteil der anderen folgt, ist es für ihn selbst meist von Vorteil – aber nicht für die anderen, denn er enthält ihnen (abweichende) Informationen vor. Informationskaskaden reduzieren also für den einzelnen die Kosten der Informationsverarbeitung und des Entscheidens; das Kollektiv aber zeigt sich dümmer, als es der auf die Vielen verteilten Intelligenz entsprechen würde.

Auch Popularität, Ruhm und Größe sind Kaskadeneffekte. Sie entstehen durch den Konsens der Vielen, die ständig die Meinungen der Vielen beobachten; man glaubt daran, weil andere daran glauben. Nicht das Was eines Films, sondern das Wer der Zuschauer entscheidet über den Erfolg. Bill Clintons berühmte Formel „It's the economy, stupid!" abwandelnd, resümiert Duncan Watts: *it's the network, stupid!* Wer etwa den fabelhaften Erfolg der Harry-Potter-Bücher verstehen will, muß sich nicht den Text selbst, sondern den simplen Sachverhalt vor Augen führen, daß die Leute lesen, was ihre Freunde lesen. Und daß Erfolg ein Netzwerkeffekt ist, beweisen eben auch Alltagsphänomene wir Piercing, iPods oder Rauchen – das sind soziale Kaskaden, die sich wie eine ansteckende Krankheit entwickeln.

Wenn wir nun von dem Wisdom of Crowds, der Weisheit der Menge sprechen, müssen wir sie scharf von diesen Informationskaskaden unterscheiden. Die Klugheit der vielen Dummen kann sich nur entfalten, wenn Diversität und Dissens garantiert sind. Vielfalt ist hier wichtiger als Intelligenz. Viele Dumme können klüger sein als der Klügste, wenn sichergestellt ist, daß sie ihre abweichenden Urteile unbehindert ins Gesamturteil einbringen können. Die Klugheit der Menge verdankt sich also dem Dissens, nicht dem Konsens.

Aristoteles durfte sich noch zutrauen, die Welt des Wissens in einem Einmannunternehmen zu ordnen. Gut 2000 Jahre später beschäftigte die von Diderot und D'Alembert herausgegebene „Encyclopédie" (1751) schon über 200 Mitarbeiter, darunter Voltaire, Rousseau, Condorcet und Montesquieu. Und heute arbeiten 200 000 Beiträger an „Wikipedia" mit, der weltweiten Selbstorganisation des Laienwissens. Hier entsteht diesseits der epistemischen Welt eine neue, selbstbewußte Doxa, die den Profis harte Konkurrenz macht.

Jimmy Wales, der Begründer von Wikipedia, hat die Laien-
enzyklopädie im Anschluß an einen Gedanken Friedrich von
Hayeks entwickelt: der Wettbewerb als Entdeckungsverfahren. Hayek beschrieb das Preissystem des freien Marktes als
eine unüberbietbar ökonomische Weise des Umgangs mit dem
Wissen der Marktteilnehmer. Wer sich an den Preisen orientiert, muß nur sehr wenig wissen, um auf dem Markt richtig zu
handeln. Die Änderungen, an die man sich anpassen muß, um
erfolgreich zu handeln, spiegeln sich in der Preisbewegung.
Deshalb genügt das Wissen, das man aus der Beobachtung von
Preisbewegungen gewinnt – ähnlich wie ein Techniker die Zei-
ger von Zifferblättern beobachtet.

Insofern ist jeder Markt ein Markt des Wissens. Die Kennt-
nis der relevanten Fakten ist unter vielen Menschen verteilt.
Weil alle klüger sind als jeder, ist Marktwirtschaft alternativelos. Überträgt man nun Hayeks Theorie des Marktwissens auf
das Weltwissen, dann muß man einen Aggregationsmechanis-
mus entwickeln, der dem Preissystem entspricht.

Dem Preissystem des Marktes entsprechen im Internet die
Weblog-Sphäre, die Open-Source-Politik und die Wiki-Autor-
schaft. Das sind Mechanismen der Aggregation, Korrektur
und Verfeinerung des in der Welt verstreuten Wissens; unge-
heure Informationsmengen werden effektiv verarbeitet, obwohl jeder einzelne nur wenig Wissen einbringt und keine
übergeordnete Autorität regulierend oder koordinierend ein-
greift.

Friedrich von Hayeks ursprüngliche Einsicht, daß alle klüger sind als jeder und daß der Marktmechanismus diese Klugheit technisch implementiert, wird auch durch die Entscheidungsmärkte im Internet zur machtvollen Wirklichkeit. Auf
Entscheidungsmärkte setzen heißt nämlich: wetten statt diskutieren! Ganz alltäglich beendet man ja einen Dissens oft mit
der Frage: Wollen wir wetten? Die zur Schau gestellte Überzeugung soll sich also in Geld objektivieren – statt immer nur
weiter zu diskutieren. Und wer eine Wette vorschlägt, signali-
siert damit, daß er von seiner Ansicht tatsächlich überzeugt ist.

Unter solchen wohldefinierten Rahmenbedingungen ist
Schwarmintelligenz tatsächlich möglich: Alle sind klüger als

jeder. Die Vielen sind zwar nicht innovativ, aber selektions-
stark. Das wird auch durch Fernsehsendungen wie „Wer wird
Millionär?" eindrucksvoll gezeigt. Wenn der Kandidat nicht
mehr weiter weiß, kann er die Zuschauer befragen, die unabhängig voneinander im Multiple-Choice-Verfahren zwischen
vier vorgegebenen Antworten wählen können. Und fast immer
liegen die Zuschauer, die Vielen, richtig. Die Gruppe erfindet
nichts Neues, aber sie ist stark in der Selektion zwischen
Lösungsmöglichkeiten. Sie kann Heureka-Fragen besser lösen
als jeder einzelne. Die Arbeitsteilung der Internet-Kultur
müßte also so aussehen: Der einzelne variiert, die Gruppe seli-
giert. Diese Selektions- und Filterfunktion wird immer wichtiger, weil der Mist ins Unbegrenzte wächst.

Wenn man die Informationsverarbeitung der Internet-Kultur mit der Unterscheidung, die wir gerade vorgeschlagen haben (Informationskaskaden vs. Hayekscher Markt des Wissens), beobachtet, kann man auch die heftige Kritik am Konzept der Schwarmintelligenz nüchterner einordnen. So hat der
Computerwissenschaftler und Erfinder des Begriffs „virtuelle
Realität", Jaron Lanier, der Wiki-Welt der zahllosen Para-Jour-
nalisten *digitalen Maoismus* vorgeworfen: die Geburt des On-
line-Kollektivismus aus dem Geist des Ressentiments; Weblogs als elektronisches Äquivalent der Graffiti-Schmierereien.

Doch auch in seiner neuen Rolle als Kassandra der Internet-Kultur muß Lanier einräumen, daß man Bedingungen spe-
zifizieren kann, unter denen die Vielen eine neue Form von
Weisheit erzeugen: *Das Kollektiv kann immer dann Klugheit beweisen, wenn es nicht die eigenen Fragestellungen definiert; wenn die Wertig-
keit einer Frage mit einem schlichten Endergebnis, wie einem Zahlen-
wert festgelegt werden kann; und wenn das Informationssystem, welches
das Kollektiv mit Fakten versorgt, einem System der Qualitätskontrolle
unterliegt, das sich in einem hohen Maße auf Individuen stützt.*
James Surowiecki hat vier Bedingungen benannt, die erfüllt
sein müssen, wenn Schwarmintelligenz sich bilden soll: Mei-
nungsvielfalt (aufgrund der privaten Informationen eines jeden), Unabhängigkeit (also die Möglichkeit der Urteilsbildung
ohne den sozialen Druck der anderen), Dezentralisierung (die
Verfügbarkeit von speziellem und lokalem Wissen) und Ag-

gregation (ein Mechanismus, der viele Privaturteile in eine Kollektiventscheidung verwandelt). Diesen Anforderungen entspricht heute der PageRank-Algorithmus von Google genau so wie die Techniken des Rating und Ranking bei MySpace, Netflix, eBay oder Amazon – Software, die das Verhalten von Konsumentenmassen in Echtzeit analysiert.

So untergraben computerbasierte Wissenssysteme die Autorität der Experten; man kann deren Aussagen jetzt leicht überprüfen. Plötzlich fangen Patienten an, mit dem Arzt über Therapiemöglichkeiten zu diskutieren. Soll man dem Hausarzt trauen oder der Datenbank? Man kann es auch so sagen: Das Internet setzt zunehmend an die Stelle der Autorität des einen Experten die Schwarm-Intelligenz der vielen Experten des Alltags, die sich in Wissensbörsen vernetzen. Es ist der Marktplatz der virtuellen Interessen- und Geschmacksgemeinschaften. Sie kritisieren Waren, Dienstleistungen und Events – um diese kritischen Meinungen dann ihrerseits als Waren der Konsumentenkritik auszusetzen. Dadurch bildet sich ein Netz des Vertrauens, das Manfred Dworschak sehr schön als Jahrmarkt der Meinungsfreude beschrieben hat.

So scheint unsere Kultur schon längst auf Wahrheit verzichtet zu haben. An ihre Stelle ist das Vertrauen in den Wettbewerb der Informationsquellen getreten. Deshalb ist heute keiner der großen Denker der Vergangenheit aktueller als Friedrich von Hayek, der Entdecker des Wettbewerbs als Entdeckungsverfahren. Über die schöpferischen Kräfte einer freien Zivilisation schrieb er: *Zivilisation beginnt, wenn der Einzelne in der Verfolgung seiner Ziele mehr Wissen verwerten kann, als er selbst erworben hat, und wenn er die Grenzen seines Wissens überschreiten kann, indem er aus Wissen Nutzen zieht, das er nicht selbst besitzt.*

Anmerkungen

S. 7: Thomas Friedman …: Thomas Friedman, The World is Flat.
Stanley Milgrams berühmte…: Vgl. dazu: Duncan J. Watts, Six
Degrees, S. 37 ff.

S. 8: Herbert Simon hat das …: Herbert A. Simon, The Sciences of
the Artificial, S. 209.

S. 10: Das Internet braucht …: So Kevin Kelly, New Rules for the
New Economy, S. 106: *The web needs broadcast to focus attention, and
broadcast needs the web to find communities.*

S. 13: Zum einen tut …: Ranulph Glanville, „The Same is Different",
S. 259: *a tool does what we want, but a medium ‚kicks back' […] a medium modifies what we mean.*

S. 14: Den Preis, den …: Walter Benjamin, „Der Erzähler", S. 445.
Für die mündliche Tradition …: *Information or prescription […] is
in the oral tradition preserved only as it is transmuted into an event,* heißt
es bei Eric A. Havelock, Preface to Plato, S. 174.
Und die Aneinanderreihung …: Parataxis nennen die Sprachwissenschaftler im Blick auf Homer, was unsere rasenden Re-
porter tagtäglich apportieren: and next …
recorder and preserver …: Eric Havelock, Preface to Plato, S. 89.

S. 15: *Wird aber eine* …: J. H. Lambert, Neues Organon, Semiotik Nr.
34.

S. 19: Nanotechnologie sorgt dafür …: Vgl. dazu: Norbert Bolz,
Bang-Design, S. 91 ff.

S. 22: Reproduzierte Information …: Im Jargon der Ökonomen: *the
transaction costs involved in finding relevant information* – Daniel Bell,
The Coming of Post-Industrial Society, S. LXXVII. Vgl. zum
Thema der für den einzelnen Informationsinteressenten je un-
bekannten Suchkosten auch Charles Perrow, Complex
Organizations, S. 122, Anm.: ‚*Satisficing' behaviour is really
maximizing behaviour when one takes into account the costs of search.*

S. 23: *attention management* …: Herbert A. Simon, Administrative
Behavior, S. 241.

S. 24: Das zentrale Problem der modernen …: So spricht Harold D.
Lasswell, „The Structure and Function of Communication in

Society", S. 120, in einem Abschnitt über die Aufmerksamkeit in der Weltgesellschaft von einem *world attention process as a series of attention frames.*

S. 26: Wir sind konfus …: Karl E. Weick, Sensemaking in Organizations, S. 27: *The problem is confusion, not ignorance.*

S. 27: Wer dagegen ständig …: Genau so hat auch Thomas Schelling die Antithese zur „availability" formuliert: *the power to send but not to receive messages* – Thomas C. Schelling, Strategies of Commitment, S. 59.

S. 30: Web 2.0 ist …: Womit noch nichts über die Leser dieser Inhalte gesagt ist. Denn offen bleibt ja die Frage, welcher Inhalt überhaupt Aufmerksamkeit findet. Über dieses Problem gehen die Enthusiasten der „blogosphere" locker hinweg. So heißt es bei Christian Crumlish, The Power of Many, S. 36, jeder könne als Blogger an den politischen Kampagnen im Internet, etwa bei Präsidentschaftswahlen, teilnehmen und Inhalte liefern, die dann vielleicht im offiziellen Kampagnen-Blog erscheinen – vielleicht: *if salient enough*!

„Voice", die authentische …: Daß dieser Stil heute weltweit fasziniert, ist erklärungsbedürftig. Vielleicht hilft hier eine Bemerkung des Soziologen Harrison C. White, Identity and Control, S. 327, weiter: *The most significant biographies of all time – Mohammed, Jesus, Budda – are drawn from records which are purely partisan; so maybe impartiality in observers is exactly wrong for getting the truth for social spaces and action?* Und Christian Crumlish, The Power of Many, S. 219, meint, *that honest partisanship may yield better aggregated results/information than warmed-over „on-the-other-hand"-ism.*

S. 31: Nur die Liebe …: Zum Potential solcher *peer-production* und der Überbietung des vertrauten Outsourcing durch ein *crowdsourcing* vgl. Chris Anderson, The Long Tail, S. 219.

Geistesverwandte …: Cass R. Sunstein, Infotopia, S. 97: *like-minded people sort themselves into virtual communities that seem comfortable and comforting.* Christine Rosen befürchtet gar eine fortschreitende Verengung des Welthorizonts vom Broadcasting über das Narrowcasting zum „egocasting".

S. 32: Erst mit dem Erscheinen …: Lennard J. Davis, Factual Fictions, S. 36, spricht von *a factual fiction which denied its fictionality.*
Nietzsche hat seine …: Friedrich Nietzsche, Nachgelassene Fragmente 1869–1874, S. 817.
Und 1925 bemerkt …: Hermann Ammann, Die menschliche Rede, S. 148.

Anmerkungen 149

Dem Gerede ...: Martin Heidegger. Sein und Zeit, S. 168.
S. 34: Es war ja immer ...: Cass R. Sunstein, Why Societies Need Dissent, S. 106, nennt das *our exposure to dissent.*
S. 36: Im Fernsehen entscheidet ...: *Thinking does not play well on television,* heißt es bei Neil Postman, Amusing Ourselves to Death, S. 93.
S. 37: *Beide kauern wir* ...: Hansjörg Schertenleib, „Televisionen", S. 50.
Auslese vor der Apparatur ...: Walter Benjamin, Das Kunstwerk im Zeitalter seiner technischen Reproduzierbarkeit, S. 492, Anm.
standard story ...: Stanley Fish, Is There a Text in This Class?, S. 199. – Vgl. auch John R. Searle, The Construction of Social Reality, S. 134: *there is a narrative shape to sequences of experiences,* und Peter Brooks, Reading for the Plot, S. 14: *plot makes events into a story.*
Alles, worüber man ...: Harrison White, Identity and Control, S. 66: *Network is a verb, and we tell stories in network terms.*
Die Welt ist alles ...: *We are told about the world before we see it,* heißt es bei Walter Lippmann, Public Opinion, S. 59.
S. 38: Statt Informationen zur ...: John Searle, The Construction of Social Reality, S. 135, spricht von einem *set of beliefs and desires.*
Je dramatischer ...: Hans Mathias Kepplinger, Die Kunst der Skandalierung und die Illusion der Wahrheit, S. 153.
Zu jeder Fernsehnachricht ...: Um Systemtheoretikern verständlich zu bleiben: Massenmedien interessieren sich nicht für die Funktionssysteme und ihre Kommunikationen, sondern für die symbiotischen Mechanismen.
S. 39: *the context of no context* ...: Neil Postman, Amusing Ourselves to Death, S. 112.
S. 42: *Programmlosigkeit* ...: Hans Magnus Enzensberger, Mittelmaß und Wahn, S. 93.
S. 47: *pencil of nature* ...: Vgl. dazu Norbert Bolz, „Das große stille Bild im Medienverbund", S. 31.
S. 48: Oberflächen erscheinen dann ... *The principal idea behind image processing is to make an image more informative, or, in communications jargon, to extract more signal from noise.* – Jeffrey Star, „Introduction to Image Processing", S. 185.
S. 50: *Legitimationskrise des Spätkapitalismus* ...: So ein Buchtitel von Jürgen Habermas.
S. 51: Heute sind die Stars ...: Philip Kotler nennt das *designing persons for stardom* – „Semiotics of Person and Nation Marketing", S. 5;

Und Marshall McLuhan, Understanding Media, S. 264, definiert die „celebrity" so: *being known for being well known.*

Seit es keine Herren ...: Vgl. Norton Long, „The Local Community as an Ecology of Games, S. 252.

S. 52: *Achtungskonserven* ...: Niklas Luhmann, „Soziologie der Moral", S. 78.

Der Entrüstungspessimismus ...: Friedrich Nietzsche, Aus dem Nachlaß der Achtzigerjahre, S. 821.

S. 53: *reich unterrichtete Weltfremdheit* ...: Arnold Gehlen, „Die gewaltlose Lenkung", S. 310.

unbeteiligten Teilnahme ...: Niklas Luhmann, Legitimation durch Verfahren, S. 123.

S. 54: Mitleid ist das demokratische ...: Dwight R. Lee und Richard B. McKenzie, Failure and Progress, S. 127, nennen das *generalized generosity.*

S. 55: Und nicht nur im Unterhaltungsprogramm ...: Lionel Tiger, The Pursuit of Pleasure, S. 55, spricht von *sociopleasure of morality.*

S. 56: *Medienpranger* ...: Hans Mathias Kepplinger, Die Kunst der Skandalierung, S. 143.

Skandale sind Kunstwerke ...: Hans Mathias Kepplinger, Die Kunst der Skandalierung, S. 142.

S. 57: *den Wirklichkeitsbezug der jungen* ...: Pascal Bruckner, Ich kaufe, also bin ich, S. 111.

S. 58: Die Massenmedien setzen ...: Cristopher Peterson, Steven F. Maier und Martin E. P. Seligman, Learned Helplessness, S. 240, sprechen von *the helplessness modeled on television news.*

Videospiele bieten ...: Robert White nennt das *effectance motivation.*

focus on failure ...: Baruch Fischhoff, „For those condemned to study the past", S. 339.

S. 61: *publizistisch bestimmte Öffentlichkeit* ...: Jürgen Habermas, Strukturwandel der Öffentlichkeit, S. 72.

S. 62: *Manche Normen* ...: Carl Schmitt, Die geistesgeschichtliche Lage des heutigen Parlamentarismus, S. 10.

kulturelle Kasten ...: Hans Magnus Enzensberger, Mittelmaß und Wahn, S. 71.

S. 63: *das heute den* ...: Paul Virilio, „Das öffentliche Bild", S. 107.

ohne Furcht vor ...: Friedrich Nietzsche, Aus dem Nachlaß der Achtzigerjahre, S. 846.

S. 64: *solange die Mehrheit* ...: Alexis de Tocqueville, Über die Demokratie in Amerika, S. 294.

Zugleich aber gilt ...: René Girard, Das Heilige und die Gewalt,
S. 127: *es gibt kein Thema ohne Ana-thema.*
Seit den Untersuchungen ...: Vgl. Mark Granovetter, „Thre-
shold Models of Collective Behavior", S. 1438: Der Effekt der
Pluralistic Ignorance stellt sich typisch dort ein, *where the costs of
being known as one of a small number [...] are seen as high.* Vgl. auch
Cass Sunstein, Why Societies Need Dissent, S. 81.
Wenn sich aber die Mehrheit ...: Jerome Bruner, On Knowing,
S. 141, nennt das *the fear of ostracism.*

S. 65: *die Meisten werden ...:* Friedrich Nietzsche, Also sprach Zarathustra, S. 213. – Auch großes Selbstvertrauen schützt nicht immer
vor der Schweigespirale. Vgl. Cass Sunstein, Why Societies
Need Dissent, S. 74: *In a reputational cascade, people think that they
know what is right, or what is likely to be right, but they nonetheless go
along with the crowd in order to maintain the good opinion of the others.*

S. 66: *Die Meinung einer ...:* Edgar Gärtner, „Wider die Kreuzzugsmen-
talität", S. 36.
Meinungssoldaten ...: Martin Walser, „Die Banalität des Guten",
S. 15.
Öffentliche Meinung ist ...: *We devote our intelligence to anticipating
what average opinion expects the average opinion to be.* – John M. Keynes,
The General Theory of Employment, Interest and Money, S. 156.

S. 67: *consensus monster ...:* Allan Bloom, The Closing of the American
Mind, S. 76.
Koorientierung im Journalismus ...: Hans Mathias Kepplinger, Die
Kunst der Skandalierung, S. 46.
Die Kämpfe und Debatten ...: *Fights and debates are mainly for dis-
play,* weiß Eric Leifer, Actors as Observers, S. 96.
Inszenierung politischer Schaustellungen ...: Joseph A. Schumpeter,
Kapitalismus, Sozialismus und Demokratie, S. 418.

S. 69: Die Bedeutsamkeit ...: Theodore Roszak, The Cult of Information, S. 217: *what everybody is responding to is the polling itself.*

S. 71: *Das ergibt eine neue ...:* Walter Benjamin, Das Kunstwerk im Zeitalter seiner technischen Reproduzierbarkeit, S. 492, Anm.

S. 74: *celebrity brands ...:* Philip Kotler, „Semiotics of Person and Nation Marketing", S. 5.
life lived in code ...: Bret Easton Ellis, Lunar Park, S. 33.
Alle Zurechnung läuft ...: Niklas Luhmann, Soziologische Aufklärung, Bd. 2, S. 175.

S. 75: Das eigene Verhalten rechnet ...: *Actors attribute to situations what
observers attribute to actors,* bemerkt Jerome Bruner, On Knowing,
S. 181.

S. 76: *impression management* ...: Erving Goffman, The Presentation of Self in Everyday Life, S. 231.

S. 79: Lawrence Lessig ...: Lessigs berühmter Satz lautet: *Law is becoming irrelevant. The real locus of regulation is going to be (computer) code.* Zitiert nach: Kevin Kelly, New Rules for the New Economy, S. 71.

Das ist die Frage ...: Carl Schmitt, „Die vollendete Reformation", in: Der Leviathan, S. 174.

S. 80: *Holzschnittillustrationen* ...: Aby Warburg, Heidnisch-antike Weissagung in Wort und Bild zu Luthers Zeiten, S. 33.

War schon durch den Druck ...: Aby Warburg, Heidnisch-antike Weissagung in Wort und Bild zu Luthers Zeiten, S. 35.

S. 81: *Es läßt sich ohne Mühe* ...: Manfred Schneider, „Luther mit McLuhan", S. 22.

S. 82: *Dieser Apparat der Luftabwehr* ...: Paul Virilio, Krieg und Kino, S. 168.

S. 83: *1936 hatte* ...: Klaus vom Bruch, in: Videokunst in Deutschland 1963–1982, S. 110.

S. 84: *Das System, nach dem* ...: Alan Turing, Intelligence Service, S. 98.

Der Geist des Militärs ...: Peter Glaser, „Das Innere der Wir-Maschine", S. 232.

S. 86: *Hob er den Kopf* ...: Paul Virilio, Krieg und Kino, S. 182.

S. 87: Die Welt der Computerelektronik ...: *In today's computerized games, players look at video displays whose artificial images often are exactly the same images that would appear on a real video display during a real war. In the combat control centers of modern war, commanders see electronic symbols of distant targets, not the targets themselves. Electronic wargaming is preparing generals and admirals for warfare that, to its managers, will look like a video game.* – Thomas B. Allen, War Games, S. 12.

Alle Zuverlässigkeit der Planung ...: Hans Blumenberg, Die Sorge geht über den Fluß, S. 204.

S. 88: *Es sind nur noch Symbole* ...: Hans Blumenberg, Die Sorge geht über den Fluß, S. 205.

„mock combat" ...: Dasselbe System benutzt die Marine, wobei allerdings die Indirektheit der Kampfhandlungen – ähnlich wie bei der Luftwaffe – den Verdichtungsgrad der Semi-Realität so weit steigert, daß zwischen Übung und Ernstfall kaum mehr Unterschiede bestehen. *Trainees cannot distinguish between simulated signal displays and genuine signals seen and heard on tactical equipment. [...] The realism is so great that if the exercise is not announced, the crew doesn't know it's only a drill.* – Thomas B. Allen, War Games, S. 285.

S. 89: *Wenn ernsthafte Spannungen* …: Paul Watzlawick u.a., Menschliche Kommunikation, S. 102, Anm.

S. 90: Jürgen Habermas bemerkt …: Jürgen Habermas, Faktizität und Geltung, S. 455.

Der Vietnam-Krieg …: Jürgen Habermas, Faktizität und Geltung, S. 659 f.

the world's greatest adventure …: Vgl. James R. Beniger, The Control Revolution, S. 350.

S. 91: *Die optische Nahdistanz* …: Arnold Gehlen, „Die gewaltlose Lenkung", S. 305.

S. 92: *Unzweifelhaft ist* …: Hans Magnus Enzensberger, Aussichten auf den Bürgerkrieg, S. 74.

S. 94: In der Welt der Unterhaltung …: Vgl. Orrin Klapp, „Heroes, Villains and Fools", S. 57.

recorder and preserver …: Eric Havelock, Preface to Plato, S. 89.

S. 95: Statt der Moral …: Nicht der kategorische Imperativ, sondern der „social proof" in Film und Fernsehen funktioniert als Autopilot des Alltags – vgl. dazu vor allem die Forschungen von Robert B. Cialdini zur Psychologie der Überredung.

behavioral literacy …: Lionel Tiger/Robin Fox, The Imperial Animal, S. 7.

S. 96: *safe dangers* …: Tibor Scitovsky, The Joyless Economy, S. 41.

der Schock als Konsumgut …: Theodor W. Adorno, Minima Moralia, § 150.

controlled exposure situation …: Ellen Berscheid, „Back to the Future and Forward to the Past", S. IX.

Werner Früh hat …: Vgl. Werner Früh, Unterhaltung durch das Fernsehen, S. 137.

Klatsch und Tratsch …: Bei William I. Thomas, The Unadjusted Girl, S. 49, heißt es: *the community regulates the behavior of its members largely by talking about them.* – So auch Elisabeth Bott, Family and Social Network, S. 67: *No gossip, no companionship.*

S. 97: *consensus monster* …: Allan Bloom, The Closing of the American Mind, S. 76.

S. 98: *Witz als Narrheit* …: Arthur Schopenhauer, Die Welt als Wille und Vorstellung, Bd. I, S. 103.

S. 99: *designing persons for stardom* …: Philip Kotler, „Semiotics of Person and Nation Marketing", S. 5.

Kultus des Publikums …: Walter Benjamin, Das Kunstwerk im Zeitalter seiner technischen Reproduzierbarkeit, S. 452.

S. 100: *Diese spontane Enthüllung* …: Pascal Bruckner, Ich kaufe, also bin ich, S. 159 f.

Aufmerksamkeitsmonopol ...: Ijoma Mangold, „Der hässliche Ruhm", S. 13.

S. 101: *Jede Casting-Show* ...: Ijoma Mangold, „Der hässliche Ruhm", S. 13.

S. 102: „teleskopieren" ...: Vgl. Steven Johnson, Everything Bad is Good for You, S. 41.

S. 103: *counterprofessionals* ...: Donald Schön, The Reflective Practitioner, S. 340.

universale Geste des Buches ...: Walter Benjamin, Einbahnstraße, S. 85.

S. 104: *Schrift, die immer tiefer* ...: Walter Benjamin, Einbahnstraße, S. 104.

S. 107: *We have learned* ...: Sherry Turkle, Life on the Screen, S. 23.

S. 109: *Vertrautheitsselbsttäuschung* ...: Helmut Schelsky, Auf der Suche nach Wirklichkeit, S. 400.

S. 110: „Wireheading" ...: Vgl. dazu Norbert Bolz, Bang-Design, S. 117.

S. 112: *Unser Schreibzeug arbeitet* ...: Friedrich Nietzsche an Peter Gast, Ende Februar 1882.

entwickeln nicht-verbale Methoden ...: George Steiner, Von realer Gegenwart, S. 155.

S. 113: Man konstruiert eine Maschine ...: Nach der Gleichung von Robert Kowalski: Algorithm = Logic + Control.

S. 115: Es geht letztlich gar nicht ...: Roboter haben, erstens, ferngesteuertes Bewußtsein, aber kein Selbstbewußtsein – ähnlich wie Kleinkinder und Tiere. Gedächtnis, Lernen und Mustererkennung sind aber eben auch ohne Icherlebnis möglich. Und zweitens: Wenn man von „juristischen Personen" spricht, kann man auch Roboter als Personen ansprechen.

S. 118: *sociopleasure* ...: Lionel Tiger, The Pursuit of Pleasure, S. 54.

S. 121: *Einmal in Kommunikation verstrickt* ...: Niklas Luhmann, Soziale Systeme, S. 207.

S. 123: Selektionen setzen immer schon ...: Oder um es mit Karl E. Weick, The Social Psychology of Organizing, S. 32, zu sagen: *response repertoires control noticing.*

S. 124: New-Age- und Gaia-Träumer ...: *Social healing, it seems, approaches us from the Internet,* beginnt mit feiner Ironie das Buch von Stephen L. Talbott, The Future Does Not Compute, S. 1.

S. 125: *Blöße mindert Größe* ...: Klaus Thiele-Dohrmann, Der Charme des Indiskreten, S. 191. – Noch einmal W. I. Thomas, The Unadjusted Girl, S. 49: *the community regulates the behavior of its members largely by talking about them.*

S. 127: So läßt sich die moderne Gesellschaft …: Manuel Castells, The Internet Galaxy, S. 127, spricht von einem *network of selective ties*; Wellman, Carrington und Hall, „Networks as Personal Communities", in: Barry Wellman und S. D. Berkowitz, Social Structures, NY 1988, S. 134, beschreiben den *selective use of specialized, diversified, sparsely knit social nets.*

fluktuierenden Komplex …: Hans Magnus Enzensberger, Mittelmaß und Wahn, S. 219.

S. 129: Hier bestätigt sich …: Mit unzähligen Varianten: 80 % des Profits werden von 20 % der Angestellten erarbeitet. 20 % der Teilnehmer eines Projekts leisten 80 % der Arbeit (Teamarbeit!). Supermärkte machen 80 % ihres Umsatzes mit 20 % der Produkte. 20 % der Kunden verantworten 80 % der Reklamationen. 80 % aller Straftaten werden von 20 % aller Kriminellen begangen. Vier Fünftel aller Bemühungen bleiben wirkungslos.

Clay Shirky hat das …: Clay Shirky, „Power Laws, Weblogs, and Inequality", S. 1: *Diversity plus freedom of choice creates inequality.* Albert-László Barabási. Linked 56, spricht gar von einer *complete absence of democracy, fairness, and egalitarian values on the Web.*

S. 130: Der größte Teil der …: Clay Shirky, a.a.O., S. 7: *the long tail of weblogs with few readers will become conversational.*

S. 131: *exposure culture* …: zit. nach: Chris Anderson, The Long Tail, S. 74.

Sichtbarkeit im Internet …: So A.-L. Barabási, Linked, S. 57: *The more incoming links pointing to your Webpage, the more visible it is.* Hier führt der Online-Handel …: Vgl. Chris Anderson, The Long Tail, S. 24.

S. 133: Netzwerke sind Wettbewerbssysteme …: A.-L. Barabási, Linked, S. 106: *links represent survival.*

Wahlakte der Konsumenten …: Das Linking entspricht damit präzise dem syntagmatischen Marketing, das beobachtet (Trendforschung!), wie Kunden die Produkte im Gebrauch kombinieren.

Die Verknüpfung ist wichtiger …: *The link is more important than the thing.* So Bernard Cova, „Form Marketing to Societing" , in: Rethinking Marketing, S. 74. – Und das gilt auch für den Inhalt einer – noch so tief gefühlten – Verbindung selbst. So heißt es bei Harrison C. White, Markers from Networks, S. 312: *Although a social tie often carries much effective intensity, its essential message is not particular content but rather implicature in further connection.*

Das bestätigt die unterscheidende ...: James Duesenberry, „Comment", S. 233.

Solche „ties" werden ...: Harrison White, Identity and Control, S. 65 f.: *Stories describe the ties in networks. [...] Network is a verb, and we tell stories in network terms.*

Konkret besteht die Stärke ...: So Mark S. Granovetter, „The Strength of Weak Ties", S. 1371: *those to whom we are weakly tied are more likely to move in cercles different from our own and will thus have access to information different from that which we receive.*

S. 134: *desire to be of service* ...: Malcom Gladwell, The Tipping Point, S. 65.

Schwache Bindungen eröffnen ...: Ronald Burt, Structural Holes, S. 175 und S. 261, spricht von *the freedom of a large network of disconnected contacts* bzw. von *the freedom possible from structural holes.* Vgl. auch Mark Granovetter, „The Strength of Weak Ties", S. 1378: *strong ties, breeding local cohesion, lead to overall fragmentation.*

bridging social capital ...: Robert Putnam, Bowling Alone, S. 22 f.

S. 135: In seinen virtuellen Gemeinschaften ...: *Internet chat groups may bridge across geography, gender, age, and religion, while being tightly homogeneous in education and ideology.* – Robert Putnam, Bowling Alone, S. 23.

disconnections ...: So Ronald Burt, Structural Holes, S. 1 f.

S. 136: Effizienz verträgt sich ...: *Efficiency mixes poorly with friendship.* – Ronald Burt, Structural Holes, S. 24.

Das virtuelle Auktionshaus ...: *No inventory, no sales staff. Pure commissions based on connecting buyers with sellers* – Christian Crumlish, The Power of Many, S. 183.

S. 137: Das macht Werbung ...: Vgl. dazu Chris Anderson, The Long Tail, S. 212.

S. 138: Denn die Komplexität ...: *Each node sees its environment through myopic eyes by only having links and link-status information to a few neighbours. There is no central control; only a simple local routing policy is performed at each node, yet the over-all system adapts.* – Paul Baran, „On Distributed Communication Networks", S. 8.

S. 139: *to work the network* ...: Terrence E. Deal und Allan A. Kennedy, Corporate Cultures, S. 85 f.

Auch Märkte sind heute ...: *many markets are placeless,* heißt es bei Charles E. Lindblom, The Market System, S. 55.

S. 140: *Von Netzwerk sollte man* ...: Gunther Teubner, „Die vielköpfige Hydra", S. 204.

Markets are conversations ...: Rick Levine, Christoher Locke,

Doc Searls und David Weinberger, The Cluetrain Manifesto, S. XXI.

Peers trust peers ...: Chris Anderson, The Long Tail, S. 98.

So gleicht das Internet ...: *a place in which all participants are audience to each other.* – Rick Levine, Christoher Locke, Doc Searls und David Weinberger, The Cluetrain Manifesto, S. XXXI.

S. 141: *An economy of voice* ...: Rick Levine, Christoher Locke, Doc Searls und David Weinberger, The Cluetrain Manifesto, S. 158.
– Über diese Wiederkehr der Oralität im Internet heißt es bei Chris Anderson, The Long Tail, S. 99, bürdig: *Word of mouth is now a public conversation.*
Eine der originellsten ...: Die prägnanteste Definition dieses Zeitalters der Empfehlungen, die alle Zauberwörter der Internet-Wirtschaft in einen programmatischen Zusammenhang bringt, findet sich bei Chris Anderson, The Long Tail, S. 217 f.: *From collaborative filtering to user ratings, smart aggregators are using recommendations to drive demand down the Long Tail. This is the difference between push and pull, between broadcast and personalized taste. Long Tail businesses treat consumers as individuals, offering mass customization as an alternative to mass-market fare.*

S. 142: *it's the network, stupid* ...: Duncan J. Watts, Six Degrees, S. 311.

S. 143: Deshalb genügt das Wissen ...: Vgl. hierzu die beiden grundlegenden Arbeiten von Friedrich von Hayek: Der Wettbewerb als Entdeckungsverfahren und „The Use of Knowledge in Society".

S. 144: *Das Kollektiv kann immer* ...: Jaron Lanier, „Digitaler Maoismus", S. 26.

S. 145: *Zivilisation beginnt* ...: Friedrich von Hayek, Die Verfassung der Freiheit, S. 32.

Literatur

Theodor W. Adorno, Minima Moralia, Frankfurt am Main 1951

Thomas B. Allen, War Games, Lonson 1987

Hermann Ammann, Die menschliche Rede, Darmstadt 1974

Chris Anderson, The Long Tail, London 2006

Albert-László Barabási, Linked, London 2003

Paul Baran, „On Distributed Communication Networks", in: IEEE Transactions on Communications Systems, CS-12, 1964

Daniel Bell, The Coming of Post-Industrial Society, Erweiterte Ausgabe, New York 1999

James R. Beniger, The Control Revolution, Cambridge Mass. 1986

Walter Benjamin, Einbahnstraße, Gesammelte Schriften, Bd. IV, Frankfurt am Main 1972

–, Der Erzähler", Gesammelte Schriften, Bd. II. Frankfurt am Main 1977

–, Das Kunstwerk im Zeitalter seiner technischen Reproduzierbarkeit, Gesammelte Schriften, Bd. I, 2. Aufl., Frankfurt am Main 1978

Ellen Berscheid, „Back to the Future and Forward to the Past", in: Close Relationships, hrsg. von Clyde Hendrick und Susan Hendrick, London 2000

Allan Bloom, The Closing of the American Mind. London 1988

Hans Blumenberg, Die Sorge geht über den Fluß, Frankfurt am Main 1987

Norbert Bolz, Bang-Design, Hamburg 2006

–, „Das große stille Bild im Medienverbund", in: Norbert Bolz und Ulrich Rüffer (Hrsg.), Das große stille Bild, München 1996

Elisabeth Bott, Family and Social Network, London 1957

Peter Brooks, Reading for the Plot, Cambridge Mass. 1992

Pascal Bruckner, Ich kaufe, also bin ich, München 2004

Jerome Bruner, On Knowing, Cambridge Mass. 1979

Ronald S. Burt, Structural Holes, Cambridge Mass. 1992

Manuel Castells, The Internet Galaxy, Oxford 2002

Robert B. Cialdini, Influence, überarbeitete Fassung, New York 1993

Bernard Cova, „Form Marketing to Societing", in: Rethinking Marketing, hrsg. von Douglas Brownlie u.a., Lonson 1999

Christian Crumlish, The Power of Many, San Francisco 2004

Lennard J. Davis, Factual Fictions, Philadelphia 1996

Terrence E. Deal und Allan A. Kennedy, Corporate Cultures, Cambridge Mass. 2000

James Duesenberry, „Comment", in: Demographic and Economic Change in Developed Countries, Princeton 1960

Bret Easton Ellis, Lunar Park, New York 2006

Hans Magnus Enzensberger, Aussichten auf den Bürgerkrieg, Frankfurt am Main 1993

–, Mittelmaß und Wahn, Frankfurt am Main 1988

Baruch Fischhoff, „For those condemned to study the past", in: Judgement under Uncertainty, hrsg. von Daniel Kahnemann, Paul Slovic und Amos Tversky, Cambridge UK 1982

Stanley Fish, Is There a Text in This Class?, Cambridge Mass. 1980

Thomas Friedman, The World is Flat, New York 2005

Werner Früh, Unterhaltung durch das Fernsehen, Konstanz 2002

Edgar Gärtner, „Wider die Kreuzzugsmentalität", in: Wirtschaftswoche # 44, 1997

Arnold Gehlen, „Die gewaltlose Lenkung", in: Einblicke, Frankfurt am Main 1978

René Girard, Das Heilige und die Gewalt, Frankfurt am Main 1992

Malcom Gladwell, The Tipping Point, London 2001

Ranulph Glanville, „The Same is Different", in: M. Zeleny (Hrsg.), Autopoiesis, New York 1981

Peter Glaser, „Das Innere der Wir-Maschine", in: Cyberspace, hrsg. von M. Waffender, Reinbek 1991

Erving Goffman, The Presentation of Self in Everyday Life, London 1990

Mark S. Granovetter, „The Strength of Weak Ties", in: American Journal of Sociology, Vol 78 # 6, 1973

–, „Threshold Models of Collective Behavior", in: American Journal of Sociology, Vol. 83 # 6, 1978

Jürgen Habermas, Faktizität und Geltung, Frankfurt am Main 1992

–, Strukturwandel der Öffentlichkeit, 2. Aufl. Frankfurt am Main 1991

Eric A. Havelock, Preface to Plato, Cambridge Mass. 1963

Friedrich von Hayek, „The Use of Knowledge in Society", in: The American Economic Review, Vol. XXXV, # 4, Sept. 1945

–, Die Verfassung der Freiheit, Tübingen 1971

–, Der Wettbewerb als Entdeckungsverfahren, Kiel 1968

Martin Heidegger, Sein und Zeit, 16. Aufl., Tübingen 1986

Steven Johnson, Everything Bad is Good for You, London 2005

Kevin Kelly, New Rules for the New Economy, New York 1998

John M. Keynes, The General Theory of Employment, Interest and Money, New York 1936

Orrin Klapp, „Heroes, Villains and Fools, as Agents of Social Control", in: American Sociological Review, Vol. 19/1, 1954

Philip Kotler, „Semiotics of Person and Nation Marketing", in: Marketing and Semiotics, hrsg. von Jean Umiker-Seboek, Kopenhagen 1991

Hans Mathias Kepplinger, Die Kunst der Skandalierung und die Illusion der Wahrheit, München 2001

J. H. Lambert, Neues Organon oder Gedanken über die Erforschung und Bezeichnung des Wahren und dessen Unterscheidung von Irrtum und Schein, Leipzig 1764

Jaron Lanier, „Digitaler Maoismus", in: Süddeutsche Zeitung, 16.Juni 2006

Harold D. Lasswell, „The Structure and Function of Communication in Society", in: Mass Communications, hrsg. von Wilbur Schramm, 2. Aufl., Urbana 1975

Dwight R. Lee und Richard B. McKenzie, Failure and Progress, Washington D.C. 1993

Eric Leifer, Actors as Observers, New York 1991

Rick Levine, Christoher Locke, Doc Searls und David Weinberger, The Cluetrain Manifesto, Cambridge Mass. 2000

Charles E. Lindblom, The Market System, New Haven 2001

Walter Lippmann, Public Opinion, New York 1997

Norton Long, „The Local Community as an Ecology of Games", in: American Journal of Sociology, 64, # 3

Niklas Luhmann, Legitimation durch Verfahren, Neuwied 1969

–, Soziale Systeme, Frankfurt am Main 1984

–, „Soziologie der Moral", in: Theorietechnik und Moral, hrsg. von N. Luhmann und S. H. Pfürtner, Frankfurt am Main 1978

–, Soziologische Aufklärung, Bd. 2, 3. Aufl., Opladen 1975

Ijoma Mangold, „Der hässliche Ruhm", in: Süddeutsche Zeitung 22. 11. 2006

Marshall McLuhan, Understanding Media, New York 1965

Friedrich Nietzsche, Also sprach Zarathustra, Sämtliche Werke. Kritische Studienausgabe, Bd. 4, München 1980

–, Aus dem Nachlaß der Achtzigerjahre, Werke, Bd. III, hrsg. von Karl Schlechta, München 1969 (6. Aufl.)

–, Nachgelassene Fragmente 1869–1874, Sämtliche Werke, Bd. 7, München 1980

Charles Perrow, Complex Organizations, 3. Aufl., New York 1986

Cristopher Peterson, Steven F. Maier und Martin E. P. Seligman, Learned Helplessness, Oxford 1993

Neil Postman, Amusing Ourselves to Death, London 1987

Robert Putnam, Bowling Alone, New York 2000

Theodore Roszak, The Cult of Information, 2. Aufl., Berkeley 1994

Tibor Scitovsky, The Joyless Economy, überarbeitete Ausgabe, New York 1992

John R. Searle, The Construction of Social Reality, New York 1995

Thomas C. Schelling, Strategies of Commitment, Cambridge Mass. 2006

Helmut Schelsky, Auf der Suche nach Wirklichkeit, Düsseldorf 1965

Hansjörg Schertenleib, „Televisionen", in: Filmbulletin, Heft 4, 1985

Carl Schmitt, Die geistesgeschichtliche Lage des heutigen Parlamentarismus, 5. Aufl., Berlin 1979

–, „Die vollendete Reformation", in: Der Leviathan, Köln 1982

Manfred Schneider, „Luther mit McLuhan", in: Diskursanalysen I, hrsg. von F. A. Kittler u. a., Opladen 1987

Donald Schön, The Reflective Practitioner, New York 1983

Arthur Schopenhauer, Die Welt als Wille und Vorstellung, Bd. I, Werke in fünf Bänden, Zürich 1988

Joseph A. Schumpeter, Kapitalismus, Sozialismus und Demokratie, 7. Aufl., Tübingen 1993

Herbert A. Simon, Administrative Behavior, 4. Aufl. New York 2000

–, The Sciences of the Artificial, 3. Aufl., Cambridge Mass. 1996

Clay Shirky, „Power Laws, Weblogs, and Inequality", shirky.com/ writings/powerlaw_weblog.html, 5. 11. 2006

Jeffrey Star, „Introduction to Image Processing", in: Byte, Feb. 1985

George Steiner, Von realer Gegenwart, München 1990

Cass R. Sunstein, Infotopia, Oxford 2006

–, Why Societies Need Dissent, Cambridge Mass. 2003

Stephen L. Talbott, The Future Does Not Compute, Sebastopol Cal. 1995

Gunther Teubner, „Die vielköpfige Hydra", in: Wolfgang Krohn und Günter Küppers (Hrsg.), Emergenz, Frankfurt am Main 1992

Lionel Tiger, The Pursuit of Pleasure, New Brunswick 2000

Lionel Tiger/Robin Fox, The Imperial Animal, New Brunswick NJ 1998

Alexis de Tocqueville, Über die Demokratie in Amerika, München 1976

Klaus Thiele-Dohrmann, Der Charme des Indiskreten, Reinbek 1997

William I. Thomas, The Unadjusted Girl, Boston 1923

Alan Turing, Intelligence Service, Berlin 1987

Sherry Turkle, Life on the Screen, New York 1995

Videokunst in Deutschland 1963–1982, Stuttgart 1982

Paul Virilio, Krieg und Kino, Frankfurt am Main 1989

–, „Das öffentliche Bild", in: Kunstforum, Bd. 98

Martin Walser, „Die Banalität des Guten", Frankfurter Allgemeine Zeitung 12. 10. 1998

Aby Warburg, Heidnisch-antike Weissagung in Wort und Bild zu Luthers Zeiten, Sitzungsberichte der Heidelberger Akademie der Wissenschaften, Philosophisch-historische Klasse. Jg. 1919, 26. Abhandlung, Heidelberg 1920

Duncan J. Watts, Six Degrees, New York 2003

Paul Watzlawick, Janet Beavin und Dan Jackson, Menschliche Kommunikation, 4. Aufl., Bern 1974

Karl E. Weick, Sensemaking in Organizations, Thousand Oaks Cal. 1995

–, The Social Psychology of Organizing, 2. Aufl., New York 1979

Harrison C. White, Identity and Control, Princeton NJ 1992

–, Markets from Networks, Princeton 2002